FRAUEN
PLANEN
BAUEN
WOHNEN

Herausgeber:
Internationale Bauausstellung
Emscher Park GmbH,
Gelsenkirchen

Konzeption:
Feministische Organisaton von
Planerinnen und Architektinnen
(FOPA) e.V., Dortmund

Redaktion:
Marita Grote
Marlis Pianka
Ute Stibba

Mitarbeiterinnen:
Ute Beik, Dortmund
Christiane Erlemann, Berlin
Lioba Feld, Dortmund
Annet Hahn, Nijmegen
Brigitte Karhoff, Dortmund
Doris Reich, Dortmund
Rosemarie Ring, Dortmund
Gabriele Zauke, Dortmund
Kerstin Zillmann, Hamburg

Layout: Christian Maiwurm, Köln

Titelfoto: Martin Charles, Isleworth, Middlesex, GB

Druck: Montania, Dortmund

© 1991 Internationale Bauausstellung Emscher Park

Alle Rechte für diese Ausgabe bei
Edition Ebersbach im eFeF Verlag, Dortmund

Wir danken allen Rechtsträgern für die freundliche
Genehmigung des Abdrucks. Trotz umfangreicher
Nachforschungen gelang es nicht, alle Rechtsinhaber
zu ermitteln. Wir sind daher gerne bereit, berechtigten
Forderungen nachzukommen.

Die Deutsche Bibliothek – CIP-Einheitsaufnahme

Frauen planen, bauen, wohnen / [Hrsg.: Internationale
Bauausstellung Emscher Park GmbH, Gelsenkirchen]. Bearb.
von Marita Grote; Marlis Pianka; Ute Stibba. [Konzept:
Feministische Organisation von Planerinnen und
Architektinnen (FOPA) e.V., Dortmund. Mitarb.: Ute Beik...].
– Zürich; Dortmund: Ed. Ebersbach im eFeF-Verl., 1991
  Ausstellungskatalog
  ISBN 3-905493-19-5
NE: Grote, Marita; Pianka, Marlis; Stibba, Ute; Internationale
Bauausstellung Emscher Park <Gelsenkirchen>

FRAUEN PLANEN BAUEN WOHNEN

Katalog zur
Ausstellung der
Internationalen
Bauausstellung
Emscher Park GmbH

Feministische
Organisation von
Planerinnen und
Architektinnen e.V.
Dortmund

Marita Grote
Marlis Pianka
Ute Stibba

INHALT   Vorbemerkung

9   Einleitung

12 **Frauenprojekte haben Geschichte**
13 • Architektinnenausbildung in der Geschichte
13 • Mitwirkung von Frauen am Wohnungswesen in den 20er Jahren

14 Vorläuferinnen feministischer Wohn- und Lebensformen
15 Melusina "Zina" Fay Peirce und ihr Konzept der gemeinschaftlich organisierten Hauswirtschaft (Cooperative Housekeeping)
16 Marie Stevens Howland und die Siedlung Topolobampo, Mexiko
17 Charlotte Perkins Gilman und das Feminist Apartment House

18 Wohnräume für alleinlebende Frauen
19 Sloane Gardens House in London
20 Junior League Hotel für Frauen in New York
20 Das erste Frauenwohnhaus in Lübeck
21 Haus Ottilie von Hansemann in Berlin
22 Frauenwohnkolonie Lettenhof bei Zürich, Schweiz
23 Wohnungsbaugenossenschaft der galizischen Postbeamtinnen in Krakau, Polen

26 **Frauen schaffen sich Räume**

28 Frauen initiieren Zentren
30 Sarah - Café und Kulturzentrum für Frauen e.V. in Stuttgart
31 Begine - Café und Kulturzentrum in Berlin-Schöneberg
32 Kvindecentret Grevine Danner (Frauenzentrum Gräfin Danner) in Kopenhagen, Dänemark
33 Frauenstadtteilzentrum Kreuzberg e.V., Schokofabrik, in Berlin-Kreuzberg
34 Fraueninitiativen im Stadtteilzentrum Adlerstraße in Dortmund
34 • FOPA, Feministische Organisation von Planerinnen und Architektinnen e.V. in Dortmund
36 Vrouwenschool in Nijmegen, Niederlande
36 • Londoner Modell, Förderung und fachliche Unterstützung feministischer Planungsprojekte
37 Jagonari, Frauenbildungs- und -freizeitzentrum (Womens Educational Resource Centre) in London
38 • Matrix, Feminist Design Architectural Cooperative in London, Großbritannien

40 Frauen bieten qualifizierte Ausbildungs- und Arbeitsplätze
40 • Architektinnenausbildung und Beteiligung an Wettbewerben
41 • Beschäftigungsverbot für Frauen in den Bauhauptberufen
42 Frauenstadthaus - Integratives Wohn- und Arbeitsprojekt e.V. in Bremen
43 Handwerkerinnenhaus Köln e.V.
44 Baufachfrau Berlin e.V.
45 Stichting Voorvrouw - Experimentelle Baustelle für Frauen in Utrecht, Niederlande

46 Vakvrouw Woningonderhoud (Fachfrau für Wohnungsinstandhaltung) - Ausbildungs- und Beschäftigungsprogramme in niederländischen Wohnungsunternehmen
47 Vrouwen in Woningscorporatiebesturen (Frauen in die Vorstände der Wohnungsbaugesellschaften) in Rotterdam, Niederlande
48 Weiberwirtschaft e.V., Genossenschaft in Gründung (1989), in Berlin
49 Pädagogisches Projekt für wohnungs- und arbeitslose Frauen der ArbeiterInnenselbsthilfe (ASH) e.V. in Stuttgart
50 QuEr - Qualifizierung und Erwerbsarbeit für Frauen in Saarbrücken
51 Jumoke - Kindertagesstätte und Ausbildungszentrum (Nursery and Training Centre) in London, Großbritannien
53 Akarsu e.V. in Berlin-Kreuzberg

54 Frauen planen Wohnräume
56 Internationale Bauausstellung Berlin, Neubauprojekt Block 2
58 Hartsuyker-Wohnungen in Amsterdam, Niederlande
60 •VAC - Frauenberatungskommissionen für den Wohnungsbau (Vrouwen Adviescommissies voor de Woningbouw) in den Niederlanden
62 Sitka Housing-Cooperative in Vancouver, British-Columbia, Kanada

64 Frauen gestalten Stadtviertel
66 Planungsberatung in der Großsiedlung Kirchdorf-Süd in Hamburg
68 Stadtteilplatzplanung für die Siedlung Brückenhof in Kassel
70 Stadtteilplanung in Zwolle-Schellerbroek, Niederlande

72 Frauen fordern Sicherheit im öffentlichen Raum – städtebauliche und planerische Maßnahmen zur Verminderung von Gewalt
74 •Stichting Vrouwen Bouwen & Wonen (Verein Frauen Bauen und Wohnen) in Rotterdam, Niederlande
74 Umgestaltung des Bahnhofgebiets in Leiden, Niederlande
77 Gestaltung eines Betriebsgeländes der Gaswerke Zwolle (GAZO) in Zwolle, Niederlande

78 Frauen realisieren Projekte innerhalb der Internationalen Bauausstellung Emscher Park
80 Wohnungsbauprojekt in Bergkamen
82 Multifunktionales Projekt Arenberg in Bottrop
84 FRIEDA - Fraueninitiative zur Entwicklung dauerhafter Arbeitsplätze in Oberhausen
86 Neubauprojekt "alternatives Wohnen" in Recklinghausen-Süd

88 **Frauen gemeinsam sind stark –
Kristallisationspunkte zur Vernetzung im Planungsbereich**

Anhang
94 Chronologie der Ausstellungen
96 Adressen
102 Archive + Zeitschriften

Baumeisterinnen mit Meßstab, Winkel, Zirkel und Schablone (Federzeichnung von 1289)

VORBEMERKUNG

Die Internationale Bauausstellung (IBA) Emscher Park ist ein Strukturprogramm des Landes Nordrhein-Westfalen und der 17 Städte im Emscherraum zur Verbesserung der städtebaulichen und der ökologischen Situation im nördlichen Ruhrgebiet – angelegt auf zehn Jahre.

Zur Verbesserung der Lebensbedingungen, also dem Strukturwandel im Ruhrgebiet, gehört aber selbstverständlich auch die soziale Innovation, die Suche nach Mitwirkungs- und Mitgestaltungsmöglichkeiten für die Bürger.

Dabei scheint es eine Binsenweisheit zu sein, daß Frauen wie Männer, gleichermaßen vom Strukturwandel betroffen, an der Verbesserung der Lebensbedingungen interessiert sind.

Aber in der Wirklichkeit von Planungsprozessen spiegelt sich das oft anders wider: frauenspezifische Interessen tauchen schon als Fragestellung in vielen Bereichen nicht zureichend auf. Fachfrauen sind in Behörden, Architektur- und Planungsprozessen selten, Bürgerinnen im Beteiligungsverfahren erheblich unter dem Bevölkerungsanteil vertreten.

Deshalb hat die IBA Emscher Park die Feministische Organisation von Planerinnen und Architektinnen (FOPA) Dortmund gebeten, Projekte der gelungenen "Einmischung" und Gestaltung von Frauen in Planungs- und Bauvorhaben zu recherchieren und in Form einer Ausstellung und eines Ausstellungskataloges zusammenzustellen. Dabei sollte es um mehr gehen als um das berechtigte Interesse von Frauen, ihre Arbeiten und ihre Sicht zu Fragen von Architektur und Planung transparent zu machen. Es ging auch darum zu zeigen, daß Frauen sich in den Prozeß des Strukturwandels aktiv einschalten müssen, damit ihre Interessen Beachtung finden. Es sollte Mut gemacht und Anregung gegeben werden, eigene Vorstellungen zu entwickeln und zu verwirklichen.

Das Ergebnis der Recherchen kann sich sehen lassen: Die breite Palette der nationalen und internationalen Beispiele zeigt, daß die Selbstorganisation von Frauen, die Beteiligung als "Bürgerinnen" in Planungsprozessen und das Engagement von Fachfrauen zu Ergebnissen führen kann, die sich über eigentlich frauenspezifische Interessen hinaus entwickeln und zur Schaffung "menschenwürdiger" Lebensbedingungen in Gebäuden, in Stadtteilen oder auch im gesamtstädtischen Klima führen können. Die rund eineinhalbjährige Arbeit an dem Projekt hat für die Beteiligten auch in ihrem fachbezogenen Wirken eine Fülle von Erkenntnissen gebracht, die zur Entwicklung neuer Ideen beigetragen haben. Damit sind für die Arbeit am Strukturprogramm der Internationalen Bauausstellung Zeichen gesetzt.

Es wäre schön, wenn durch Ausstellung und Katalog auch über die Region hinaus Impulse gegeben werden, die zum Engagement von Frauen und zur Diskussion mit allen Beteiligten in Planungsprozessen führen.

Internationale
Bauausstellung
Emscher Park
Gelsenkirchen

Gesellinnen auf der Wanderschaft Foto: Angelika Schillings, Dortmund.

EINLEITUNG

Projekte und Bauten von Frauen für Frauen, die frauenspezifische Belange berücksichtigen, sind nicht neu. Zahlreiche Beispiele haben eine lange Geschichte. Eine Selbstverständlichkeit sind sie deshalb noch nicht geworden. Frauen versuchen heute erneut, diese Ideen und Projekte ins Licht der Öffentlichkeit zu rücken.

Alle Projekte, die in diesem Ausstellungskatalog vorgestellt werden, konnten nur unter höchstem persönlichen Einsatz der Initiatorinnen, politischem Druck der Nutzerinnen und nach harten, langwierigen Auseinandersetzungen mit Behörden und öffentlichen Trägern realisiert werden. Schwierigkeiten stellten sich dort ein, wo die Vorhaben entweder mit gesetzlich vorgeschriebenen Normen kollidierten (z.B. im sozialen Wohnungsbau) oder politisch eher unerwünscht waren (autonome Frauen- und Lesbenprojekte). Eine institutionelle und finanzielle Förderung erfahren in der Bundesrepublik faktisch nur gesellschaftlich konforme Vereinigungen und Initiativen. Alternative Bauvorhaben, auch wenn es nur um andere Grundrisse im sozialen Wohnungsbau geht, und autonome Frauen- und Lesbenprojekte werden in der Regel nicht berücksichtigt. Das heißt, eine Finanzierung ist nur sehr schwer und wenn, dann nur für einen kurzen Zeitraum zu erreichen.

In diesem Ausstellungskatalog soll deutlich werden, daß Frauen trotz aller Hindernisse ihre Interessen wahren und sich Freiräume erkämpfen und daß städtebauliche Maßnahmen zur Verbesserung der Lebensbedingungen von Frauen beitragen können. Gesellschaftliche Diskriminierung und Gewaltverhältnisse werden durch planerische Maßnahmen natürlich nicht aufgehoben. Es wäre zu kurz gegriffen zu glauben, daß größere Küchen und Wohnungen sowie erhöhte Sicherheitsvorkehrungen im öffentlichen Raum die strukturelle Gewalt gegen Frauen vermindern oder gar aufheben würde.

Es muß also auch bedacht werden, daß vermeintlich frauenfreundliche Bedingungen leicht das Gegenteil von Emanzipation bewirken können: Z.B. können wohnungsnahe Arbeitsplätze Lebensbedingungen einerseits verbessern, andererseits binden sie Frauen unter Umständen sehr stark an ihre Wohnumgebung. Daß verbesserte Raumgrundrisse emanzipationsfördernd sind und aus sich heraus zur Aufteilung der Hausarbeit führen, darf ebenfalls in Zweifel gezogen werden. Es würde einen Rückschritt bedeuten, wenn sich Frauen mit dem Argument der z.B. durch baulich-räumliche Änderungen erlangten Verbesserungen noch stärker auf Hausarbeit und Kindererziehung reduzieren ließen. Christiane Erlemann bemerkt dazu kritisch, daß sich die Betroffenheit der Planerinnen "schnell auf Dinge wie: fehlende Einkaufsmöglichkeiten, geringe Mobilität aufgrund des Gebundenseins an die Versorgung von Kleinkindern, fehlende Spielplätze und Jugendfreizeitheime (reduziert): im Wesentlichen also Faktoren, deren Verbesserung die alleinige Zuständigkeit für Kinderversorgung, die Isolation in der Familienwohnung und die Hausfrauenrolle festigt - und damit zutiefst antifeministisch ist!" (Erlemann, 1983, S.281).

Die an Frauen ausgeübte Gewalt, die sich nicht nur in Vergewaltigung, sondern auch in der Nichtwahrnehmung ihrer Interessen und in der Nichtanerkennung von Frauen als Expertinnen äußert, muß auf allen Ebenen und in allen Bereichen bekämpft werden. Das Einbringen frauenspezifischer Aspekte in die planerische und architektonische Gestaltung ist dabei ein Schritt. Wir hoffen, daß es uns mit der Ausstellung gelingt, die Diskussion um Frauenbelange in der Planung auf vielen Ebenen zu beleben und Anstöße für neue Projekte zu geben.

Es ist Anliegen dieser Ausstellung, getragen vom parteilichen Interesse für Frauen, die Vielfalt und Fülle der historischen und aktuellen Ideen und Projekte aus dem In- und Ausland – aufgrund der patriarchalen gesellschaftlichen Realität wenig beachtet und anerkannt – sichtbar zu machen. Dabei unterliegen auch wir den sogenannten "Sachzwängen" und mußten aus einer Vielzahl in Frage kommender Beispiele wählen, wobei der Katalog umfangreicher gestaltet werden konnte als die Ausstellung. Kriterien der Auswahl waren, daß sie zur Verbesserung der Lebens- und Arbeitsbedingungen von Frauen beitragen, die Möglichkeiten zur Selbstorganisation von Frauen fördern, innovativ und im Rahmen ihrer Konzeption für andere Projekte beispielhaft sind. Einige Projekte, wie etwa die "Schoko" in Berlin, wurden auch wegen ihrer ökologischen Aspekte ausgewählt, während andere sehr bekannte, z.B. die Frauenferienhäuser Osteresch und Zülpich oder das Frauenmuseum in Bonn, nicht in diesen Katalog aufgenommen wurden. Uns erschien es wichtig, auch Projekte zu skizzieren, die keinen überregionalen Bekanntheitsgrad haben. Die eher kleinen Initiativen sollen Frauen ermutigen, ihre Vorstellungen zu verwirklichen, und zeigen, daß es nicht unbedingt des großen Entwurfs bedarf, um Veränderungen hervorzurufen.

Zum Aufbau des Katalogs

Dieser Ausstellungskatalog gliedert sich in einen historischen und einen aktuellen Teil.

Den ersten Abschnitt des historischen Teils bilden Theorien und Projekte aus Amerika, die teilweise bereits vor rund 150 Jahren entwickelt wurden. Sie beziehen sich hauptsächlich auf die Rationalisierung und Kollektivierung der Hausarbeit, im zweiten Abschnitt geht es um die Wohnmöglichkeiten, bezogen auf die besonderen Ansprüche von alleinlebenden Frauen. Diese Projekte, die zum größten Teil in Vergessenheit gerieten und erst in den letzten Jahren im Zuge der feministischen Frauenforschung wiederentdeckt wurden, zeigen, wie erstaunlich aktuell und fortschrittlich die damaligen theoretischen und praktischen Ansätze sind, und machen deutlich, daß eine eigene Geschichtsschreibung von Frauen notwendig ist.

Die Beispiele des ersten Ausstellungsabschnitts des aktuellen Teils zeigen autonome, multifunktionale Frauen(kultur)zentren aus der Bundesrepublik Deutschland, Dänemark und den Niederlanden, die sich Frauen durch Besetzung und/oder Anmietung aneignen konnten und deren Hintergrund die Neue Frauen- und Lesbenbewegung ist. Sie zeigen ein Spektrum von Initiativen zur Schaffung von Treffpunkten sowie Beratungs- und Kulturzentren, die in den letzten Jahren zunehmend mit der Unterstützung von Architektinnen, Planerinnen und Handwerkerinnen entstanden sind. Vielfach bieten diese Projekte auch Wohnungen oder Werkstätten, alle jedoch erweitern die feministische Infrastruktur.

Die Projekte des zweiten Abschnitts stellen eine Ergänzung der vorher skizzierten Beispiele dar. Ausgangspunkt sind hier die fehlenden qualifizierten Arbeitsplätze und Ausbildungsstätten für Frauen im Baubereich. Durch die Initiierung eigener Interessenorganisationen und Beschäftigungsprojekte bis hin zum Handwerkerinnenhaus und zum genossenschaftlich organisierten Gewerbehof wird die berufliche Isolation von Handwerkerinnen aufgehoben, werden Arbeitsplätze und Ausbildungsmöglichkeiten geschaffen und das Risiko einer Existenzgründung verringert. Beispielhafte Lösungen sowie das Spektrum der Tätigkeitsfelder in der ökologischen und sozialen Stadterneuerung für Frauen werden hier aufgezeigt.

Im dritten Abschnitt greifen wir die Diskussion um Grundriß- und Gestaltungsfragen aus Frauensicht auf. Vorgestellt werden Wohnungsbauprojekte aus der Bundesrepublik Deutschland, den Niederlanden und Kanada, die von Architektinnen geplant und/oder verwirklicht wurden. Emanzipatorische Wohnformen und experimentelle Wohnungstypen sollen die mit den genormten Wohnungsgrundrissen verbundenen – oft erheblichen – Nachteile für Frauen vermeiden.

Ausgehend von der grundlegenden Kritik an der vorherrschenden Stadtstruktur und den Leitbildern der modernen Stadtentwicklung werden im vierten Abschnitt "Frauen gestalten Stadtviertel" Erneuerungsmaßnahmen in Großsiedlungen der 60er und 70er Jahre in der Bundesrepublik Deutschland und ein Experiment zur Neuplanung eines frauengerechten Stadtviertels in den Niederlanden vorgestellt.

Etwa seit Anfang der 80er Jahre hat der Begriff "Angstraum" Eingang in die Diskussionen um Gewalt gegen Frauen im öffentlichen Raum gefunden. Wir zeigen im fünften Abschnitt praktische Lösungsvorschläge zur Vermeidung von Angsträumen aus den Niederlanden.

Projekte, die bereits im Rahmen der Internationalen Bauausstellung Emscher Park begonnen wurden, werden im sechsten Abschnitt beschrieben. Bei der Realisierung der Leitprojekte in den Bereichen "Arbeiten im Park", "Neue Wohnformen und Wohnungen" und "Neue Angebote für soziale, kulturelle und sportliche Tätigkeiten" ergeben sich Anknüpfungspunkte zur Verbesserung der Lebens- und Arbeitsbedingungen von Frauen in der Region.

Mit einem Ausblick auf Ansätze für eine vernetzte Einflußnahme von Frauen auf Planung, Bauen und Wohnen endet der Ausstellungskatalog.

Literatur:
Erlemann, Christiane: Was ist feministische Architektur?, in: Pusch, Luise F. (Hgin.): Feminismus. Inspektion der Herrenkultur, Frankfurt/Main 1983, S.279-289.

FRAUEN
PLANEN
BAUEN
WOHNEN

FRAUENPROJEKTE HABEN GESCHICHTE

Im folgenden Teil werden historische Projekte aus der Zeit von Mitte des 19. bis in die 30er Jahre des 20. Jahrhunderts vorgestellt. Innerhalb des begrenzten Rahmens einer Ausstellung ist es jedoch nicht möglich, alle theoretischen und praktischen Strömungen, die zur damaligen Zeit diskutiert wurden, abzudecken. Ein solcher Anspruch wäre schon deshalb zu hoch gegriffen, weil die Grundlagenforschung in diesem Bereich noch längst nicht abgeschlossen ist. Die ausgewählten Projekte können daher nur schlaglichtartige Einblicke geben.

Bei allen Projekten geht es in der Tendenz um eine Verbesserung der Lebenssituation von Frauen in bezug auf die ihnen obliegende Haushaltsführung sowie die Kinderbetreuung und die damit einhergehenden Belastungen. Sie unterscheiden sich untereinander in ihren Forderungen nach Kollektivierung und/oder Rationalisierung des Haushaltes.

Den Anfang der Darstellungen bilden drei Beispiele aus Amerika. Es handelt sich um Projekte von sozialistischen Feministinnen, die zur Umsetzung ihrer emanzipatorischen Theorien konkrete architektonische Planungen entwickelten; der Schwerpunkt lag auf der Kollektivierung der Hausarbeit, die von Frauen traditionell unentgeltlich innerhalb des Familienverbandes verrichtet wurde.

Architektinnen-Ausbildung in der Geschichte

Für Deutschland gilt das Jahr 1908 als Jahr der allgemeinen Zulassung von Frauen zum Studium, während in der Schweiz bereits seit 1840 Frauen die Universitäten besuchen durften. In den USA erlangte die erste Architektin 1880 in Cornell ihren Studienabschluß, und um die Jahrhundertwende gab es in den Vereinigten Staaten bereits 39 akademisch ausgebildete Architektinnen. Frauen, die vor dieser Zeit in diesem Beruf tätig waren, hatten sich ihre Kenntnisse autodidaktisch angeeignet.
1879 wurden in Finnland die ersten außerordentlichen Studentinnen am Polytechnischen Akademischen Institut in Helsinki aufgenommen, und 1890 erhielt die erste finnische Architektin ihr Diplom.
In Preußen waren Frauen in den 90er Jahren des letzten Jahrhunderts lediglich als Gasthörerinnen zugelassen, konnten jedoch keinen Studienabschluß erlangen. 1909 schrieb sich in Berlin die erste Frau zum Architekturstudium ein.

Literatur:
Dietrich, Verena (Hgin.): Architektinnen–Ideen–Projekte–Bauten, Stuttgart 1986, S.19ff.

Museum of Finnish Architecture: Profiles Pioneering Women Architects from Finnland, Finnland 1983, S.14.

UIFA–Union Internationale des Femmes Architectes Sektion Bundesrepublik e.V.(Hgin.): Zur Geschichte der Architektinnen und Designerinnen im 20 Jahrhundert. Eine erste Zusammenstellung, Berlin 1984, S.16.

Frauenprojekte haben Geschichte

Mitwirkung von Frauen am Wohnungswesen in den 20er Jahren

Im Merkblatt zur Bekämpfung der Wohnungsnot wurden in den 20er Jahren den Frauen vom Bund Deutscher Frauenvereine (BDF)* Vorschläge zur Einmischung in die Wohnungspolitik unterbreitet:"Als Wählerin und Steuerzahlerin kann sie (die Frau; die Verf.) politischen Einfluß geltend machen. Als Hausfrau kann sie aus den Erfahrungen des Hauses, als ehrenamtlich oder im Berufe tätige Frau aus den Erfahrungen ihres Arbeitskreises z.B. als Armenpflegerin, Ärztin, Juristin, Lehrerin, Fürsorgerin heraus immer wieder das öffentliche Gewissen auf die in ihrer Gemeinde herrschenden Wohnungszustände und die daraus fließenden Gefahren hinweisen. Dabei darf neben den Bedürfnissen der Familie auch der Wohnbedarf der ledigen Berufstätigen, der alleinstehenden Alten oder der familienlosen Jugend nicht übersehen werden. In allen gemeindlichen Ausschüssen, die sich mit dem Wohnungswesen befassen, sollten Frauen mitwirken, um abgesehen von der energischen Vertretung der großen Ziele bei der Ausgestaltung der Grundrisse sowie anderen praktischen Fragen ihre Erfahrungen zur Geltung zu bringen. Auch wo diese Forderung noch nicht erfüllt ist, empfiehlt es sich, daß die Stadtverbände oder Vereine eine oder mehrere Frauen mit dem eingehenden Studium der Wohnungsfrage unter Berücksichtigung der örtlichen Verhältnisse beauftragen, um jederzeit, wenn eine Stellungnahme oder praktisches Eingreifen erforderlich wird, gerüstet zu sein." (BDF, 1927, S.6)

Die Ortsgruppen des Reichsverbandes Deutscher Hausfrauenvereine (RDH) hatten gegen Ende der 20er Jahre bereits in 60 Städten Hausfrauenbaukommissionen gegründet. Diese fungierten als Mittlerinnen zwischen Politik/Verwaltung und Hausfrauen. Ihre Tätigkeiten waren allerdings immer beratender Natur, z.B. bei der Erstellung von Bauplänen. Außerdem gaben sie Stellungnahmen zu grundsätzlichen Themen aus dem Bereich des Wohnungswesens ab: zu Fragen des Einfamilienhauses oder Mietshauses mit Gemeinschaftseinrichtungen, zu Schaffung von Heimen für berufstätige Frauen, zu Grundrißgestaltung und zu Fragen der Gesetzgebung für das Wohnungswesen.

* 1894 gegründeter Dachverband der unterschiedlichsten Frauenvereine mit gemäßigtem politischen Programm

Literatur:
Bund Deutscher Frauenvereine (Hgin.): Merkblatt über die Bekämpfung der Wohnungsnot, Mannheim 1927, S.6.

Die Frau, Jg.35, Berlin 1927, S.314.

Der darauf folgende Abschnitt befaßt sich dagegen mit der Lebens- und Wohnsituation von alleinlebenden oder – präziser ausgedrückt – nicht in einem Familienverband lebenden Frauen. Es werden sowohl Frauenwohnprojekte vorgestellt, die zwar für Frauen geplant, aber von herkömmlichen Baugesellschaften durchgeführt wurden, als auch Frauenvereine und -baugenossenschaften, bei denen Frauen Planung und Bauorganisation in ihre Hände genommen haben.

FRAUEN PLANEN BAUEN WOHNEN

VORLÄUFERINNEN FEMINISTISCHER WOHN- UND LEBENSFORMEN

Catharine Beecher

Im 19. Jahrhundert gab es in der westlichen Welt eine Vielzahl von SozialistInnen, die im Rahmen ihrer politischen Arbeit auch die Effektivierung und Kollektivierung der Hausarbeit zum Thema machten. Sie sahen hierin einen wichtigen Aspekt der politischen Umstrukturierung und Erneuerung der bestehenden gesellschaftlichen Gegebenheiten.

Aus Interesse an der Entwicklung von Alternativen zur üblichen isolierten Haushaltsführung innerhalb der einzelnen Familien ergaben sich Ansatzpunkte zur Diskussion und Zusammenarbeit mit den Feministinnen dieser Zeit. Häufig fehlten jedoch in ihren Veröffentlichungen die konkreten Angaben zur baulich-räumlichen Umsetzung der unterschiedlichen theoretischen Visionen. Es gab aber durchaus einige Ansätze, die umgesetzt wurden.

Hierbei sind grundsätzlich zwei Ansätze zu unterscheiden: Zum einen waren diese Planungen an bereits bestehende städtische Strukturen angelehnt – gefordert wurden Gebäudekomplexe mit ergänzenden Einrichtungen wie z.B. Wäschereien, Bäckereien und Kindergärten; zum anderen wurden die Entwicklung und der Neubau von ganzen Siedlungen oder Städten favorisiert. Allerdings erforderte die Errichtung einer idealen Siedlung ein solch hohes Maß an Mitarbeit und besonders auch Finanzkraft der Beteiligten, daß die Durchführung meistens nach ersten positiven Ansätzen wieder scheiterte. So ist vieles nur Theorie geblieben.

Die folgenden Beispiele geben einen Einblick in die Diskussion in Amerika von Mitte des 19. Jahrhunderts bis in die 20er Jahre dieses Jahrhunderts.

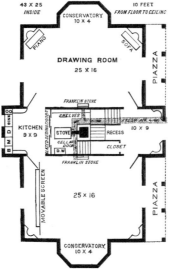

oben: Keller
rechts: Erdgeschoß

Catharine Beecher und Harriet Beecher Stowe, The American Woman's Home, 1869.
Bereits vor über 100 Jahren wurde von diesen Frauen eine flexible Wand (MOVABLE SCREEN) entwickelt, die eine individuelle Einteilung größerer Wohnräume zuließ. Die Hausarbeitsbereiche sind detailliert geplant und zeichnen sich durch eine sehr durchdachte Anordnung aus.

Foto/Pläne:
aus: Hayden, Dolores:
The Grand Domestic Revolution,
Cambridge, London 1981.

Frauenprojekte haben Geschichte

Melusina Fay Peirce, Berlin, 1876.

MELUSINA "ZINA" FAY PEIRCE UND IHR KONZEPT DER GEMEINSCHAFTLICH ORGANISIERTEN HAUSWIRTSCHAFT (COOPERATIVE HOUSEKEEPING)

Aus der Analyse der ökonomischen Position der Frau in der Industriegesellschaft entwickelte die 1836 geborene Feministin und Sozialtheoretikerin Melusina Fay Peirce politische, ökonomische, organisatorische, planerische und architektonische Ansätze zur ökonomischen und intellektuellen Befreiung der Frau. Ihre grundlegenden Arbeiten zeichnen sich durch eine harte Kritik an der Männerherrschaft und durch einen starken Separatismus aus. Aus ihren facettenreichen theoretischen Ansätzen entwickelte sie ein Konzept der gemeinschaftlich organisierten Hauswirtschaft, um die von Frauen unbezahlt in ungeeigneten Räumen mit ungenügender Ausstattung verrichtete Hausarbeit zu überwinden. 1868 veröffentlichte sie konkrete Pläne für Siedlungseinheiten mit küchenlosen Häusern und Hauswirtschaftsgebäuden, die der kollektivierten und professionalisierten Hausarbeit angepaßt waren.

In erster Linie ging es ihr darum, daß Frauen der Mittelschicht mit oder ohne Bedienstete die ökonomische und monetäre Kontrolle über die häusliche Ökonomie erlangten und sich dadurch gleichzeitig bezahlte (Haus-) Arbeitsplätze schaffen konnten. So gründete sie 1869 die "Cambridge Cooperative Housekeeping Society": ein Experiment von 40 Familien, die ihre Hausarbeit gegen Bezahlung von den Ehefrauen und Angestellten kollektiv verrichten ließen. Wäscherei, Laden, Küche und Bäckerei wurden in einem Gebäude untergebracht, das durch Mitgliedsbeiträge und mittels Einnahmen durch den Verkauf von Dienstleistungen finanziert wurde. Allerdings mußten die zentralisierten Einrichtungen nicht unbedingt von den einzelnen Haushalten genutzt werden, da die zum Experiment gehörenden, nicht umgebauten Wohnungen mit Küchen ausgestattet waren. Das Experiment scheiterte 1871 an mangelnder politischer Einsicht und praktischer Anteilnahme sowie am Widerstand der Ehemänner.

Die ökonomische Unabhängigkeit der Frau, der technische Fortschritt sowie der Genossenschaftsgedanke waren zur damaligen Zeit populäre Ideen, die Peirce durch ihre praxisbezogenen Konzepte zusammenführen wollte. Allerdings konnte sie keine breite Basis für deren Verwirklichung finden. Konservative Frauengruppen wollten zwar Vereinfachungen der Hausarbeit erreichen, konnten sich aber mit dem Ziel der ökonomischen Unabhängigkeit der Frauen nicht anfreunden. Andere Frauen, die um ihre rechtliche Gleichstellung kämpften, wollten ihre Kräfte nicht für Verbesserungen in der "Privatsphäre" verbrauchen. Kapitalisten wiederum fanden die Idee der nicht gewinnorientiert arbeitenden Genossenschaften nicht unterstützenswert, und GenossenschaftlerInnen waren gegen die feministischen Ansätze.

Trotz dieser Vorbehalte einzelner Gruppierungen hatte Peirce's feministische Kritik am konventionellen Wohnen großen gesellschaftlichen Einfluß, u.a. auf die Entstehungsgeschichte von Apartmenthäusern. Nicht zuletzt begründete sich ihr Einfluß auf die zahlreichen Veröffentlichungen, durch die sie viele SozialreformerInnen für ihre Erneuerungen interessieren konnte. Sie entwickelte ihre Arbeiten ständig weiter, und noch im Alter von 76 Jahren erhielt sie ein Patent für die Planung eines Apartmenthauses mit Dachnutzung.

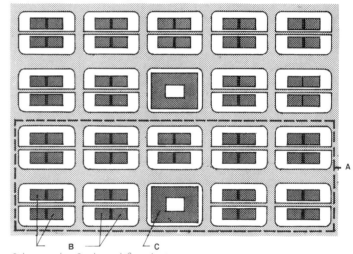

Schematischer Stadtgrundriß nach einer Idee von Peirce.
Jeweils 9 Blöcke, bestehend aus 4 küchenlosen Häusern (B), werden zu einer Einheit (A) zusammengefaßt und durch ein kooperatives Hauswirtschaftszentrum (C) ergänzt.

Literatur:

Dörhöfer, Kerstin: Feministische Ansätze in der Architekturausbildung, in: Feministische Ansätze in der Architekturlehre, Berlin 1989, S.6-25.

Hayden, Dolores: The Grand Domestic Revolution: A History of Feminist Design for American Homes, Neighbarhoods, and Cities, Cambridge, London 1981, S.67ff.

Hayden, Dolores: Zwei utopische Feministinnen und ihre Kampagne für küchenlose Häuser, in: Freiräume, Heft1, Berlin 1983, S.7-15.

Foto/Plan:

aus: Hayden, Dolores: The Grand Domestic Revolution, Cambridge, London 1981.

FRAUEN PLANEN BAUEN WOHNEN

Marie Stevens Howland, 1886.

Howland, Deery und Owen, 1885. Der rasterförmige Plan zeigt Apartment-Hotels und Reihenhäuser als dunkle Rechtecke. Die freistehenden Privathäuser sind als helle Rechtecke dargestellt.

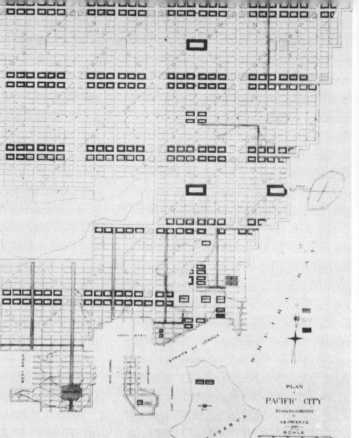

MARIE STEVENS HOWLAND UND DIE SIEDLUNG TOPOLOBAMPO, MEXICO

Jeweils vier freistehende Häuser gruppieren sich um ein Zentrum mit den Hauswirtschaftseinrichtungen.

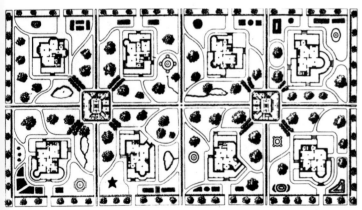

Literatur:
Dörhöfer, Kerstin: Feministische Ansätze in der Architekturausbildung, in: Feministische Ansätze in der Architekturlehre, Berlin 1989, S.6-25.

Hayden, Dolores: The Grand Domestic Revolution: A History of Feminist Design for American Homes, Neighbarhoods, and Cities, Cambridge, London 1981, S.90ff.

Foto/Pläne:
aus: Hayden, Dolores: The Grand Domestic Revolution, Cambridge, London 1981.

Marie Stevens Howland (1836-1921), Pädagogin proletarischer Herkunft, trat zeit ihres Lebens als materialistische Feministin und Sozialreformerin für die ökonomische und sexuelle Befreiung der Frau ein. Als junge Arbeiterin lebte sie in der Industriestadt Lowell in einer dem Unternehmen angeschlossenen Frauen-Pension, einem zentralen Ort der Gemeinschaftserfahrungen und Arbeitskämpfe von Frauen.

Diese Erfahrungen flossen in ihre spätere Arbeit als Sozialreformerin ein, vor allem in ihre baulich-räumlichen, organisatorischen, ökonomischen und sozialen Vorstellungen, die erwerbstätigen Frauen mit Kindern ein eigenständiges Leben ermöglichen sollten. Später lebte sie in experimentellen Gemeinschaften, u.a. im "Free Lovers Unitary Household" in New York City (1858-1860) und in der Familistère, dem Sozialpalast in Frankreich (1860), einem Gebäudekomplex mit unter anderem zentral beheizten Wohnungen und einem Service für Fertiggerichte.

Motiviert durch ihre Erfahrungen, entwickelte sie die Vorstellung eines Sozialpalastes in Nordamerika in einer Erzählung weiter und gestaltete entscheidend die Planung des Siedlungsprojektes Topolobampo in bezug auf die gemeinschaftliche Organisation der Hausarbeit.

Seit 1875 diskutierte Howland ihre Ideen zu diesem Projekt mit dem Ingenieur Albert Kimsey Owen. Mit den Plänen für die experimentelle Gemeinschaft Topolobampo wurden erstmals eine städtische Struktur auf der Basis genossenschaftlich organisierter, bezahlter Hauswirtschaft (cooperative housekeeping) und professioneller, nichtprivater Kindererziehung (integral growth) sowie ein architektonisches Konzept für ein küchenloses Haus entwickelt. Ein weiteres Ziel von Howland und Owen war die Entwicklung von kooperativen Wirtschaftsunternehmen wie Bäckereien, Wäschereien u.a. sowie von Produktions- und Konsumkooperativen als ökonomische und demokratische Alternative zur Klassengesellschaft des Industriekapitalismus.

Der Architekt Deery zeichnete die Pläne für die Siedlung, die dann 1885 veröffentlicht wurden. Bereits kurz darauf hatte die Gruppe, die das Experiment der ganzheitlichen Gemeinschaft in der geplanten Siedlung verwirklichen wollte, eine kleine provisorische Kolonie in Topolobampo an der Pazifikküste in Mexico errichtet. Es handelte sich zu einem großen Teil um Angehörige der städtischen Arbeiterklasse und um utopische SozialistInnen. Von 1888 bis 1893 lebte Howland in dieser Kolonie und arbeitete als Planerin und Herausgeberin von Publikationen. Der Bau der Siedlung scheiterte allerdings an finanziellen Spekulationen und administrativem Chaos.

Der geplante Siedlungsgrundriß zeigt die für nordamerikanische Städte charakteristische Struktur: rasterförmig angelegte Blöcke, durchbrochen von einigen diagonalen Straßen. Es wurden drei Haustypen entwickelt:

Frauenprojekte haben Geschichte

CHARLOTTE PERKINS GILMAN UND DAS FEMINIST APARTMENT HOUSE

Charlotte Perkins Gilman, 1898.

– Apartment-Hotels bzw. Wohnhotels mit großen Suiten, aber auch kleinen Einzelräumen und dazugehörigen Gemeinschaftsräumen;
– Reihenhäuser, bei denen jeweils 12 zweigeschossige Innenhofhäuser eine Einheit bildeten und die sich Gemeinschaftseinrichtungen wie Küche, Speisesaal, kleine Bibliothek und Garten teilten;
– freistehende Privathäuser im Landhausstil; jeweils vier Einzelhäuser gruppierten sich um ein Gemeinschaftshaus mit Wäscherei, Bäckerei und Schlafräume für das Personal.
Des weiteren waren in den Plänen öffentliche Freiräume, Bibliotheken, Krankenhäuser, Konzerthallen, Einrichtungen zur genossenschaftlich organisierten Kinderbetreuung und -versorgung usw. vorgesehen.

Die Ziele und die Lebensweise Mary Stevens Howlands – sie proklamierte "die freie Liebe", heiratete zweimal und setzte sich für die ökonomische und sexuelle Unabhängigkeit von Frauen ein – waren für die Mehrzahl der zeitgenössischen Feministinnen, aber auch für andere politische Gruppen zu radikal, die baulich-räumlichen Konsequenzen, die sie aus ihren Positionen zog, einzigartig.

Charlotte Perkins Gilman (1860-1935) ist nahezu die einzige der in der Bundesrepublik relativ gut bekannten amerikanischen Feministinnen aus der Zeit um 1900, die sich mit Architektur und Städtebau beschäftigt haben. Als Sozialistin und Feministin plädierte sie für die Befreiung der Frau von den Fesseln der konventionellen Mutterschaft und Hauswirtschaft, wobei sich ihre Kritik besonders gegen die biologistische Ideologie der Frauen- und Mutterrolle richtete.

Sie stellte mit ihren Forderungen die Frage der Frauenbefreiung bewußt vor die Überwindung der kapitalistischen Gesellschaftsform. Ihre Hauptzielgruppe war die erwerbstätige, verheiratete Mittelklasse-Frau mit Kindern, eine relativ untypische Frauengruppe, denn verheiratete Frauen arbeiteten prozentual gesehen selten. Im Gegensatz hierzu waren die erwerbstätigen Frauen sehr häufig nicht verheiratet.

Kollektiv organisierte Hauswirtschaft von Einzelhaushalten lehnte Gilman ab. Die von ihr entwickelte Alternative war eine kollektiv organisierte Hauswirtschaftsindustrie. Frauen sollten als selbständige Unternehmerinnen z.B. die Lieferung von Fertiggerichten, Krankenpflege- und Reinigungsdienste sowie Kindergärten organisieren. Durch die gänzliche Befreiung von der Hausarbeit sollte es ihnen ermöglicht werden, einer außerhäuslichen Erwerbsarbeit nachzugehen und am öffentlichen Leben teilhaben zu können. Baulich-räumlich entwickelte sie diese Idee zu Konzepten für küchenlose Häuser in Vorortblocks und küchenlose Apartments in den Innenstädten. Gilmans Überlegungen hatten zur damaligen Zeit, aufgrund ihres Bekanntheitsgrades als Sozialtheoretikerin, brillante Rednerin und Schriftstellerin, einen großen Einfluß auf die Architekturdebatten in Amerika und dies nicht nur in Fachkreisen. So wollte die 'Feminist Alliance', 1914 von Frauen aus feministischen und sozialistischen Kreisen in New York gegründet, das von Charlotte Perkins Gilman in ihrem Roman 'What Diantha did' beschriebene Feminist Apartment Hotel bauen. Der Architekt Heidelberg entwarf daraufhin ein zwölfstöckiges Gebäude mit 170 küchenlosen Ein- bis Vierzimmerwohnungen, hauswirtschaftlichen Gemeinschaftseinrichtungen und einem Kindergarten im Dachgeschoß. Gedacht war dieses Projekt für Familien und alleinstehende Frauen mit Kindern. Es zerbrach an den unterschiedlichen Vorstellungen über den Grad der Kollektivierung und den Umfang der Beteiligung der Mitglieder an der Hausarbeit und nicht zuletzt an der Befürchtung, daß die berufstätigen, relativ gut verdienenden Mittelklasse-Mütter schlechter bezahlte Frauen zur Kinderbetreuung anstellen würden.

Literatur:
Hayden, Dolores: The Grand Domestic Revolution: A History of Feminist Design for American Homes, Neighbarhoods, and Cities, Cambridge, London 1981, S.182ff.

Hayden, Dolores: Zwei utopische Feministinnen und ihre Kampagne für küchenlose Häuser, in: Freiräume, Heft 1, Berlin 1983, S.7-15.

Foto:
aus: Hayden, Dolores: The Grand Domestic Revolution, Cambridge, London 1981.

FRAUEN
PLANEN
BAUEN
WOHNEN

WOHNRÄUME FÜR ALLEINLEBENDE FRAUEN

Im Unterschied zu den im vorherigen Abschnitt vorgestellten Projekten, die sich hauptsächlich auf die Hausarbeit der Frauen innerhalb der Familie bezogen, geht es in den folgenden Projekten um die Wohnsituation alleinlebender Frauen.

Durch die industrielle Revolution und die damit einhergehenden wirtschaftlichen und gesellschaftlichen Veränderungen wurden in der zweiten Hälfte des 19. Jahrhunderts immer mehr Frauen erwerbstätig. Ca. 40 Prozent (3 Millionen) der erwachsenen Frauen waren um 1885 unverheiratet, verwitwet oder geschieden. 1925 gab es 11,5 Millionen erwerbstätige Frauen, von denen 8,2 Millionen (71,5 Prozent) nicht verheiratet waren, was teilweise dadurch bedingt war, daß es mehr Frauen als Männer im heiratsfähigen Alter gab.

Der Zuzug von Arbeitskräften aus dem Osten und die krisenhafte wirtschaftliche Entwicklung um die Jahrhundertwende bewirkten eine starke Überbelegung der vorhandenen Wohnungen und damit einhergehend erhebliche Mietsteigerungen. Von dieser allgemeinen Wohnungsnot waren alleinstehende Frauen besonders betroffen, denn ihnen wurde das Recht auf eine eigene Wohnung häufig nicht zugestanden. Außerdem wurde die Arbeit der Frauen schlecht bezahlt, so daß sich viele lediglich eine Schlafstelle leisten konnten oder zur Untermiete wohnen mußten. Es muß allerdings auch gesehen werden, daß sich aus der wachsenden Erwerbstätigkeit eine, wenn auch minimale, finanzielle Unabhängigkeit ergab. Sie war die Grundlage dafür, daß alleinstehende Frauen die Führung eines eigenen Haushalts nicht nur als Übergangsphase zu einer späteren Heirat ansehen mußten. Nunmehr hatten sie die materielle Basis, sich ihre Selbständigkeit als eine positive Lebensperspektive zu erhalten. Durch das wachsende Selbstbewußtsein vieler Frauen und die sich hieraus entwickelnde Frauenbewegung bestärkten sich die Frauen untereinander in ihren Bestrebungen nach Unabhängigkeit.

Für die berufstätigen Frauen stellte sich jedoch schon bald eine Doppelbelastung durch Erwerbs- und Hausarbeit ein. Die Doppelbelastung und die schlechte Wohnungsversorgung bewirkten eine breite Diskussion zu Wohnungsfragen besonders auch innerhalb der Frauenbewegung. Aus den unterschiedlichen politischen Positionen ergaben sich vielfältige Lösungsvorschläge:

Ein Teil der Frauen strebte die Gründung von Frauenwohngemeinschaften an, in denen z.B. eine Frau gegen Bezahlung die Hausarbeit übernehmen sollte, während die anderen Mitbewohnerinnen ihrer Erwerbsarbeit nachgehen konnten. Sozialistische Frauen dagegen wollten keine besondere Wohnmöglichkeit für Frauen schaffen, sie forderten die generelle Durchsetzung von niedrigeren Mieten und höheren Löhnen.

Teilweise gab es Bestrebungen, Frauenwohnhäuser mit Kleinwohnungen zu errichten, um den Frauen überhaupt ein selbständiges Leben in zwar kleinen, aber dafür eigenen vier Wänden zu ermöglichen. Es gab auch Überlegungen zu Frauenwohnheimen mit einzelnen Zimmern oder kleinen Wohnungen und mehr oder weniger umfangreichen Gemeinschaftseinrichtungen, die die Hausarbeit erleichtern sollten. Die Intention zur Errichtung solcher Heime kamen aus zwei unterschiedlichen Richtungen: Zum einen engagierten sich bürgerliche, finanziell gut gestellte Frauen, um das unter Arbeiterinnen weit verbreitete "Schlafstellen-Unwesen" einzudämmen. Durch die hierbei fehlende Geschlechtertrennung wurde nämlich ein moralischer Verfall der Proletarierinnen befürchtet. Zum anderen wurden solche Heime von fortschrittlichen Frauen gefordert, die die Solidarität unter den Frauen stärken und deren Leben aus den eigenen vier Wänden heraus in eine solidarische Gemeinschaft führen wollten. Hier

Literatur:
Bemm, Gabi/Seifen, Barbara: Frauen und Wohnen zur Zeit der ersten Frauenbewegung in Deutschland, unveröffentlichte Diplomarbeit an der Universität Hannover, 1982.

UIFA–Union Internationale des Femmes Architectes Sektion Bundesrepublik e.V. (Hgin.): Zur Geschichte der Architektinnen und Designerinnen im 20.Jahrhundert. Eine erste Zusammenstellung, Berlin 1984.

Frauenprojekte haben Geschichte

SLOANE GARDENS HOUSE IN LONDON

muß angemerkt werden, daß die Frauenwohnheime in Deutschland bis 1918 so gut wie in allen Fällen nur für Frauen 'gleichen Standes' oder mit gleichem Beruf eingerichtet wurden. Im Ausland gab es dagegen durchaus Frauenwohnheime – sie wurden teilweise Wohnhotels genannt –, die allen erwerbstätigen Frauen offenstanden.

Eine ganze Anzahl von unterschiedlichen Projekten konnte zur damaligen Zeit realisiert werden. Engagierte Frauen erreichten dies, indem sie privat initiativ wurden (Frauenwohngemeinschaften), sich an bestehende Baugesellschaften wandten und diese von ihren Ideen überzeugten oder aber selbst eigenständige Vereine und Genossenschaften gründeten, um so – teilweise mit staatlicher Förderung – ihre Vorstellungen in eigener Regie umzusetzen.

Die Gesellschaft für Damenwohnungen (The Ladies' Dwelling Company), eine Aktiengesellschaft, errichtete das Sloane Gardens Haus noch vor der Jahrhundertwende für Frauen jeder Art und jedes Standes, "Witwen und unverheiratete Damen, die nicht Mittel genug zu einem eigenen Haushalt haben oder solche, die mit dem Kopf und den Händen arbeiten und weder Zeit noch Geschick für häusliche Arbeiten haben" (Hopp, 1899, S.118).

Diesen Frauen wurden möblierte und unmöblierte Zimmer – ca. 150 Räume für 120 Damen – und umfangreiche Serviceleistungen sowie Gemeinschaftseinrichtungen geboten. Küchenservice, Putzdienst, Stiefelreinigung, Lesesaal, Musikzimmer, Speisesaal, Salon, Vereinszimmer usw. konnte jede nach Belieben, allerdings teilweise gegen Aufpreis, in Anspruch nehmen.

Obwohl das Haus in der damaligen Zeit mit einer Reihe von Spitznamen wie z.B. das Katzenhaus, die Frauenkaserne, der Hühnerkäfig oder das Alte-Jungfern-Paradies belegt wurde, erfreute es sich doch großer Beliebtheit bei den alleinstehenden und erwerbstätigen Frauen. Daher gab es auch keine Belegungsprobleme, und die Aktiengesellschaft konnte jedes Jahr eine Dividende von fünf Prozent ausschütten.

Literatur:
Hopp, M.C.: Ein Frauenheim, in: Die Frau, Jg.7, Berlin 1899, S.117f.

FRAUEN PLANEN BAUEN WOHNEN

JUNIOR LEAGUE HOTEL FÜR FRAUEN IN NEW YORK

DAS ERSTE FRAUENWOHNHAUS IN LÜBECK

Das Junior Leage Hotel wurde 1911 in New York von der City and Suburban Homes Company gegründet. Es handelte sich um ein pensionsartiges Wohnheim in Citynähe, in dem keine Wohnungen, sondern lediglich Ein-, Zwei- oder Dreibettzimmer ohne Küche vermietet wurden. In den 264 Zimmern konnten 328 "weibliche Wesen, die sich auf ehrenhafte Art den Lebensunterhalt verdienten", aufgenommen werden. Besonderen Wert hatte man auf eine freundliche, offene Architektur gelegt, die durch mehrere Terrassen und eine großzügig gestaltete Gartenanlage ergänzt wurde.

Die umfangreich vorhandenen Gemeinschaftseinrichtungen umfaßten Speisesaal, Bibliothek, Schreib- und Nähzimmer, Waschküche mit Heißluftraum und Bügelzimmer, sowie Aufenthalts und Empfangsräume. Sie konnten jeweils gegen einen relativ geringen Unkostenbeitrag genutzt werden. Eine Einrichtung war unentgeltlich nutzbar: die Busverbindung, die zu den Berufsverkehrzeiten zwischen dem Hotel und den nächstgelegenen Stationen der Hoch- und Straßenbahnen bestand.

Vermietungsprobleme gab es ebensowenig wie in London, und das eingesetzte Kapital verzinste sich jährlich mit vier Prozent.

Im November 1926 wurde in Lübeck ein Wohnhaus mit zehn kleinen, abgeschlossenen Wohnungen für Damen aus dem gebildeten Mittelstand fertiggestellt.

Immer noch konnten sich viele alleinstehende Frauen keine eigene Wohnung leisten oder mußten Zimmer untervermieten. Dieses Haus sollte den Frauen "den Abstieg in niedere Wohnsphären ersparen". Es handelte sich um Zwei- bis Dreizimmerwohnungen mit Küche und WC. Bis auf Waschküche, Trockenplatz und Gartenanlage gab es keine Gemeinschaftseinrichtungen. Ein möbliertes Gästezimmer konnte bei Bedarf angemietet werden.

Das Projekt erhielt staatliche Unterstützung: Der Gemeinnützigen Wohnungsbau Lübeck GmbH als Projektträgerin wurde ein Grundstück auf Erbpacht in guter Wohnlage zur Verfügung gestellt, und nach Lübeckschem Recht gab es für die Bewohnerinnen die Möglichkeit, beim Umzug aus einer großen in eine kleine Wohnung einen Staatszuschuß zu beantragen. Trotz dieser Förderungen gab es am Anfang Probleme, Frauen für dieses Wohnprojekt zu gewinnen, denn die Trägergenossenschaft verlangte eine Hypothek von 800 bis 1500 Mark je nach Wohnungsgröße; eine Summe, die nur von wenigen Frauen ohne Probleme aufgebracht werden konnte. Nach Überwindung der ersten Schwierigkeiten, interessierte und finanzkräftige Frauen zu finden, wuchs das Interesse aber doch so stark an, daß die Errichtung zweier weiterer Häuser nach gleichem Konzept in Angriff genommen wurde. Auch bei diesen Planungen wurde gefordert, daß die Häuser nicht mehr als zehn Wohnungen umfassen sollten, damit sie nicht den Charakter von Mietskasernen erhielten.

Literatur zu Junior League Hotel:
Müller, Elisabeth: Das Junior League Hotel für Frauen und Mädchen in New York, in: Die Frau, Jg.21, Heft10, Berlin 1913, S.606-608.

Literatur zu Frauenwohnhaus Lübeck:
Hartmann, Martha: Das erste Frauenwohnhaus in Lübeck, in: Die Frau, Jg.34, Berlin 1926, S.177f.

Frauen-projekte haben Geschichte

HAUS OTTILIE VON HANSEMANN IN BERLIN

Zum Wintersemester 1915/16 wurde in Berlin-Charlottenburg das Victoria-Studienhaus eröffnet. Die Bauausführung erfolgte unter dem Protektorat der Kaiserin, mit finanzieller Unterstützung der Ottilie-von-Hansemann-Stiftung sowie durch die Initiative und mit Geldern des Vereins Victoria-Lyzeum.

Dieser Verein hatte bereits seit den 70er Jahren des letzten Jahrhunderts ein privates Mädchenlyzeum betrieben, da Frauen die öffentlichen Bildungsanstalten nicht besuchen durften. Zur damaligen Zeit war dies die einzige Bildungsstätte "höheren Wissens" für Frauen in Preußen. 1910 wurde allerdings die letzte Vorlesung gehalten, da der Staat die Aufgabe der Mädchenbildung übernommen hatte.

Die Möglichkeit des Frauenstudiums in Preußen gab es erst ab 1908 und war damit 1915 immer noch eine Besonderheit. Vor diesem Hintergrund ist die Errichtung des neuen Studentinnenheimes zu sehen, gewachsen aus der "Erkenntnis der Notwendigkeit, für die an Berliner Hochschulen studierenden Frauen eine Stätte zu schaffen, in der sie unter den Bedingungen häuslichen Zusammenlebens den Schutz, die Ruhe und die sonstigen Voraussetzungen erfüllt finden, die eine möglichst vollkommene Erreichung des Studienzwecks gewährleisten", zitiert Helene Lange eine Passage aus der Urkunde, die im April 1914 dem Grundstein beigefügt ist (Lange, 1916, S.340).

Die erste selbständig arbeitende Architektin Deutschlands, Frau Emilie Winkelmann (1875-1951), wurde mit dem Bau und der Gestaltung der Inneneinrichtung beauftragt. Es handelte sich um ein Gebäude, in dem sich sowohl Schulklassen und LehrerInnenzimmer für das Victoria-Lyzeum als auch die Wohnräume und Gemeinschaftseinrichtungen für das Studentinnenwohnheim befanden: 96 Einzelzimmer für die Studentinnen, zentrale Warmwasserheizung und -versorgung, Fahrstühle, Bäder, Wohn- und Empfangszimmer, Bibliothek, gemeinsame Arbeitsräume, Lesehalle, Speisesaal mit kleinen Tischen, Versammlungsraum für Vereine, Saal mit Bühne und Projektionsvorrichtung für Vorträge und Festlichkeiten, Turnsaal und Dunkelkammer; im Garten waren Spiel- und Sportplätze vorgesehen. Die Architektin wurde für ihre Arbeit hoch gelobt, da sie es geschafft hatte, zweckmäßig zu bauen und trotzdem den Wohnräumen durch verschiedene Grundrisse und Ausstattungsdetails eine jeweils sehr individuelle Note zu geben.

Aufgrund der gehobenen Ausstattung des Gebäudes waren die Kosten für Unterbringung und Verpflegung verhältnismäßig hoch. Daß es sich aber trotzdem um ein Projekt mit sozialem Anspruch handelte, geht aus dem Erläuterungsbericht zum Bauantrag hervor: "Das Studentinnenheim, das ein gemeinnütziges Unternehmen ist, soll Studentinnen der Universität und der Hochschulen ein Heim bieten, in dem sie behaglich leben und arbeiten können. Jeder Begriff der Gewerblichkeit fehlt, denn die jeweiligen Pensionsgelder sind so bemessen, daß sie lediglich die Selbstunterhaltung des Heimes ermöglichen." (UIFA, 1984, S.22). Das zu errichtende Heim sollte in erster Linie den gebildeten, aber nicht begüterten Kreisen zugute kommen. Es war sogar daran gedacht, Zimmer an geeignete Studentinnen umsonst abzugeben.

Bis in die 60er Jahre blieb das Haus als Studentinnenhaus erhalten. Allerdings gab es zu dieser Zeit nur noch Doppelzimmer, und die Gemeinschaftseinrichtungen waren erheblich eingeschränkt worden. Heute wird der Saal von einem Theater und das übrige Haus als Bürogebäude genutzt.

Literatur:
Bemm, Gabi/Seifen, Barbara: Frauen und Wohnen zur Zeit der ersten Frauenbewegung in Deutschland, unveröffentlichte Diplomarbeit an der Universität Hannover, 1982.

FFBIZ– Frauenforschungs-, -bildungs- und -informationszentrum, Arbeitsgruppe historischer Stadtrundgang (Hgin.): "O Charlottenburg, du frauenfreundlichste unter den Städten ..."?, Berlin 1989.

Lange, Helene: Das Berliner Victoria-Studienhaus, in: Die Frau, Heft 6, Berlin 1916, S.339-342.

UIFA–Union Internationale des Femmes Architectes Sektion Bundesrepublik e.V.(Hgin.): Zur Geschichte der Architektinnen und Designerinnen im 20.Jahrhundert. Eine erste Zusammenstellung, Berlin 1984.

Fotos:
Doris Reich, Dortmund.

FRAUEN PLANEN BAUEN WOHNEN

Lux Guyer

FRAUENWOHNKOLONIE LETTENHOF BEI ZÜRICH, SCHWEIZ

Zielsetzung der Frauenwohnkolonie Lettenhof war es, speziell für alleinstehende Frauen, funktionale und nicht zu teure Mietwohnungen zu erstellen, in denen die Hausarbeit auf ein Minimum reduziert werden konnte.

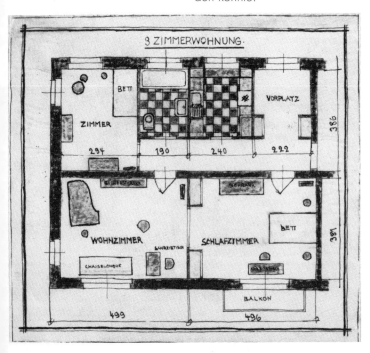

Diese Grundgedanken sprachen noch drei weitere Organisationen an, die in einem solchen gemeinschaftlich durchzuführenden Projekt die Möglichkeit sahen, ihre Vorstellungen zu verwirklichen. Es handelte sich um die Heim- und Protektoratsstiftung für alleinstehende Frauen (FPZ), die Baugenossenschaft berufstätiger Frauen des kaufmännischen Vereins (KVZ) und den Frauenverein für alkoholfreies Wirtschaften. Die Frauenzentrale Zürich gründete die Baugenossenschaft Lettenhof, um die gemeinschaftlichen Aufgaben übernehmen zu können. Für die vier unterschiedlichen Gebäude blieb jede Organisation allerdings ihre eigene Bauherrin.

Die Vorteile dieses Vorgehens bestanden darin, daß ein größeres Grundstück mit entsprechend größerer gemeinsamer Grünfläche gekauft werden konnte, die höhere Zahl der Mieterinnen den Betrieb eines Restaurants ermögliche und das finanzielle Risiko verteilt werden konnte.

Das Projekt wurde von der Architektin Lux Guyer (1894-1955) durchgeführt. Lux Guyer hatte als Frau großes Interesse an einem solchen Unternehmen und konnte ihre Erfahrungen, die sie bereits in England gesammelt hatte, einbringen. Die verschiedenen Vereine hatten jeweils eigene Vorstellungen zu den Wohnungstypen. Ihren Wünschen und Bedürfnissen kam die Architektin nach, indem sie ganz unterschiedliche Grundrisse für die Ein- bis Dreizimmerwohnungen plante, insgesamt 51 Wohneinheiten in drei Bauböcken. Die Möblierungsmöglichkeiten verdeutlichte sie den Nutzerinnen durch farbige Pläne in Postkartengröße. Breite Fenster und Türen vermittelten einen großzügigen Eindruck. Ebenso wurde Wert auf eine freundliche Gestaltung der Gartenanlagen mit zahlreichen Sitzmöglichkeiten gelegt. So entstand ein für die damalige Zeit positives Beispiel für preiswerten, durchdachten Wohnungsbau.

Bei der Auswahl des Grundstücks waren die Kriterien Preis, Stadtnähe, Lage und Bauzone ausschlaggebend. Die Finanzierung erfolgte durch Investitionen der verschiedenen Frauengruppen, den Verkauf von Anteilscheinen an Genossenschaftlerinnen und durch günstige Gelder der Stadt Zürich, die wegen der großen Wohnungsnot zu dieser Zeit gemeinnützige Wohnungsbaugenossenschaften unterstützte. Im September 1926 wurde dann der Bau begonnen, und im November 1927 konnten alle vier Bauböcke ihrer Bestimmung übergeben werden.

Der Lettenhof wird auch heute noch im ursprünglichen Sinn genutzt. Der Restaurantbetrieb mußte allerdings geschlossen werden, das Gebäude wurde ebenfalls zu Wohnungen umgebaut.

Literatur:
Bickel, Daniel/Huser, Artur: Temporäres und solitäres Wohnen, in: Institut für Geschichte und Theorie der Architektur der ETH Zürich (Hg.): Die Architektin Lux Guyer (1894-1955), Zürich 1983, S.61-64.

Fotos/Plan:
ETH Zürich

Frauenprojekte haben Geschichte

WOHNUNGSBAU-GENOSSENSCHAFT DER GALIZISCHEN POSTBEAMTINNEN IN KRAKAU, POLEN

Die Wohnungsbaugenossenschaft der galizischen Postbeamtinnen hat ihren Ursprung in der individuellen und gesellschaftlichen Unterdrückung und Abwertung alleinstehender berufstätiger Frauen in Polen.

Bedingt durch die polnische Teilung im Jahr 1795 und der damit verbundenen Abhängigkeit von den Besatzungsstaaten (Österreich, Rußland und Preußen) kam es zu zahlreichen Aufständen polnischer FreiheitskämpferInnen. Zumeist wurden die Aufstände niedergeschlagen und den Beteiligten Hab und Gut abgenommen. Viele Familien verarmten. Um Eltern und Geschwister, aber auch sich selbst ausreichend versorgen zu können, waren auch Frauen aus der Mittel- und Oberschicht immer mehr gezwungen, einer außerhäuslichen Erwerbsarbeit nachzugehen. Allerdings standen ihnen nur sehr wenige Bereiche offen. Neben dem Beruf der Lehrerin gehörte die Tätigkeit als Postbeamtin zu den möglichen Berufsfeldern.

Übten die Frauen einen entsprechenden Beruf aus, hatten sie gegenüber ihren männlichen Kollegen erhebliche Benachteiligungen in Kauf zu nehmen. So gab es beispielsweise ein staatliches Heiratsverbot für Beamtinnen, wodurch Frauen gezwungen waren, bei Heirat aus dem Dienst auszuscheiden. Frauen konnten darüber hinaus erst fünf Jahre später als ihre männlichen Kollegen in Pension gehen, sie hatten längere Arbeitszeiten und ein geringeres Arbeitsentgelt zu akzeptieren. Neben den Benachteiligungen durch die Arbeitgeber hatten sie sich auch gegen die Vorurteile der Kollegen und der Gesellschaft zu wehren, Männern gegenüber Konkurrentinnen um Arbeitsplätze zu sein und eine geringere Kompetenz und Effektivität in der Arbeit zu haben. Von der Gesellschaft als "alte Jungfern" ausgegrenzt und verachtet und von den eigenen Familien als Belastung empfunden, entschloß sich 1904 ein kleiner Kreis von Frauen, den "Verein der galizischen Postbeamtinnen" zu gründen, um gegen ungerechte Arbeitsbedingungen und eingeschränkte Lebens- und Wohnverhältnisse alleinstehender, erwerbstätiger Frauen zu kämpfen.

Die Gründung einer "Wohnungsbaugenossenschaft der galizischen Postbeamtinnen" durch den Verein im Jahr 1913 bildete die Grundlage für die Sicherung der ökonomischen und sozialen Unabhängigkeit der Frauen. Der Genossenschaft ging es um konkrete Veränderungen der eingeschränkten Lebensbedingungen, um die Schaffung alternativer Wohn- und Lebensformen in Frauengemeinschaften für unverheiratete erwerbstätige Frauen fern der Kleinfamilie, um die Vergesellschaftung von Hausarbeit sowie um die Stärkung des Selbstbewußtseins und der Selbstbestimmung.

Zur Umsetzung des Projekts reichten Mitgliedsbeiträge, Spenden und der Erlös aus Veranstaltungen und Vorträgen allein nicht aus. Bei der Suche nach weiteren Geldgebern wurde schnell deutlich, daß eine Finanzierung ohne Unterstützung durch Investoren kaum möglich war. So baten die Organisatorinnen der Genossenschaft sowohl den Postdirektor als auch

FRAUEN
PLANEN
BAUEN
WOHNEN

den Staatspräsidenten von Krakau und den Erzbischof um Unterstützung. Es gelang ihnen, die Zusage zu einem Finanzierungsdarlehen einer Stiftung zu erhalten, die Wohnungsbau ausschließlich für ärmere Bevölkerungsschichten förderte, und hierzu zählten die Postbeamtinnen ja nicht. Es ist nicht auszuschließen, daß die Frauen in diesem Fall Nutzen aus ihrer gesellschaftlichen Diskriminierung ziehen konnten, die sie als alleinstehende Frauen hilflos, schutzbedürftig und arm wirken ließ. Mit Hilfe des Wohnungsbaudarlehens konnte bereits 1914 – ein Jahr nach der Gründung der Genossenschaft – das erste Haus fertiggestellt werden, ein weiteres entstand 1934.

In den zwei Häusern standen insgesamt 69 Zimmer mit je 15 Quadratmetern zur Verfügung. Badezimmer waren auf jeder Etage vorhanden und wurden gemeinschaftlich genutzt. Eine angestellte Krankenschwester übernahm im Kontakt mit Hausärzten die ärztliche Betreuung. Angestellte Köchinnen befreiten die Frauen von der Sorge der Nahrungszubereitung. Sie richteten die Mahlzeiten in der Gemeinschaftsküche her, und die Bewohnerinnen nahmen sie in einem Gemeinschaftsraum zusammen ein.

Nach außen wurde die Genossenschaft durch einen Vorstand und eine Vorsitzende vertreten. Der Vorstand bestand aus 13 Frauen, 50 Prozent davon mußten einmal jährlich rotieren. Wichtige Beschlüsse der Genossenschaft wurden allerdings durch die regelmäßig tagende Bewohnerinnenversammlung getroffen.

Die Mitgliedsfrauen der Genossenschaft haben nicht nur ihr eigenes Leben gestaltet, sondern sich in der Zeit zwischen den beiden Weltkriegen auch auf vielfältige Art und Weise gesellschaftlich engagiert. Zu ihren Aktivitäten gehörten Kurse für AnalphabetInnen, warme Mahlzeiten für Erwerbslose, kulturelle Veranstaltungen, aber auch die Organisation gemeinsamer Ausflüge ins Gebirge oder an die See. Ob das Engagement der Frauen dabei mehr durch die genossenschaftliche Wohn- und Lebensform oder durch die Nähe zur sozialistischen ArbeiterInnenbewegung gefördert wurde, ist unklar.

Mit dem zweiten Weltkrieg begann sich das Leben der Bewohnerinnen zu verändern. Unmittelbar nach der Besetzung Krakaus durch deutsche Truppen 1939 erfolgte die Beschlagnahmung eines der beiden Wohngebäude. Solidarisch rückten die Frauen zusammen. In dem nicht konfiszierten Gebäude wurden die Einzelzimmer doppelt belegt, so daß auch weiterhin für alle Bewohnerinnen Unterkünfte gesichert waren. Über Leben und Aktivitäten der Frauen während des zweiten Weltkriegs ist bislang kaum etwas bekannt.

Die räumlichen Verhältnisse blieben auch nach dem Kriege beengt. Durch die neue Grenzziehung kam es zu massenhaften Zwangsumsiedlungen. Betroffen waren auch zahlreiche Postbeamtinnen aus den an die Sowjetunion abgegebenen polnischen Ostgebieten. Um den Kolleginnen in ihrer Not zu helfen, wurde beschlossen, heimatlos gewordenen Postbeamtinnen aus Lemberg in den eigenen Häusern Unterkunft zu gewähren.

Die räumliche Enge blieb jedoch nicht das einzige Problem. Ständig mußten die Frauen gegenüber der Partei und

Frauenprojekte haben Geschichte

dem staatlichen Genossenschaftsverband um die Wahrung ihrer Autonomie kämpfen. Erfolgreich verhinderten sie zwar die Auflösung ihrer Genossenschaft und die Übergabe ihres Archivs an den neugegründeten zentralen Genossenschaftsverband, mußten sich aber 1955/1956 diesem Verband anschließen. Der Verband verweigerte 1962 der Frauenwohnungsbaugenossenschaft den Wunsch nach einer Namensänderung und der Erweiterung ihrer Zielgruppe über die Postbeamtinnen hinaus. Er bedrängte sie 1974 mit der Forderung nach Anschluß an ein Altersheim und 1976 mit einer zeitweisen Außerkraftsetzung des Rechts auf selbständige Zuweisung der Wohnungen. Doch trotz all dieser Schwierigkeiten blieb die Frauenwohnungsbaugenossenschaft Krakau als selbständiges Frauenprojekt bestehen und praktiziert weiterhin Formen gemeinschaftlichen und solidarischen Zusammenlebens, in dem auch die Betreuung alter, behinderter und kranker Bewohnerinnen eine wichtige Rolle spielt.

Die Probleme sind heute jedoch nicht geringer als damals. So müssen beispielsweise die Gebäude dringend modernisiert werden, doch die Bewohnerinnen können die Kosten nicht aus eigenen Kräften aufbringen. Zinsgünstige langfristige Kredite gibt es in Polen für Genossenschaften nicht mehr, und normale Bankkredite sind für die Genossenschafterinnen unbezahlbar. So liegen zwar Umbaupläne vor, doch kann keine Firma mit der Baumaßnahme beauftragt werden, solange die Finanzierung ungeklärt ist, z.B. fehlt zur Zeit das Geld für die dringend notwendige Verlegung einer neuen Wasser- und Kanalisationsleitung.

Mit dem Generationenwechsel entstehen auch neue Ansprüche an die Wohnungen. Gerade die jüngeren Frauen – ca. ein Drittel der Frauen sind um die 30 Jahre alt – wünschen sich für jedes Einzelzimmer eigene

sanitäre Anlagen und auch wieder eine kleine Küche. Die älteren Bewohnerinnen befürchten, daß dadurch bestimmte Inhalte, wie z.B. bewußtes Gemeinschaftsleben und gemeinsame Identität, verlorengehen. Nicht ausdiskutiert sind Probleme des Zusammenlebens mit Kindern. Die von den Frauen gewählte Form der Genossenschaft, verbunden mit der Idee der Selbstverwaltung, findet innerhalb der polnischen Gesellschaft keine Anerkennung. Dadurch ist es für die Frauen schwer, sich mit ihren genossenschaftlichen Zielsetzungen wirksam an die Öffentlichkeit zu wenden. Um so beeindruckender ist es, daß die Frauenwohnungsgenossenschaft allen Vereinnahmungsversuchen bislang getrotzt hat und 1989 ihr 75jähriges Bestehen feiern konnte. Zu diesem Anlaß wurde sie als eine der ältesten Genossenschaften in Polen gewürdigt.*

* Zur Unterstützung der Frauenwohnungsbaugenossenschaft wurde eine Sonderkonto für Spenden eingerichtet:
Sonderkonto Goldrausch
Stichwort:
Frauengenossenschaft Krakau
Konto Nr. 3070902
BLZ 10020500
Bank für Sozialwirtschaft, Berlin

Literatur:
Wagner, Petra: Frauenwohnungsbaugenossenschaft Krakau –eine "große" Familie sollte es sein, in: Contraste, Zeitschrift für Selbstverwaltung, Berlin, Dezember 1989, S.14.

Wagner, Petra: Seit 75 Jahren: Frauenwohnungsbaugenossenschaft Krakau/Polen, in: Blattgold, Heft 5, Berlin 1990.

Fotos:
Wohnungsbaugenossenschaft der galizischen Postbeamtinnen, Krakau.

FRAUEN
PLANEN
BAUEN
WOHNEN

FRAUEN SCHAFFEN SICH RÄUME

Die im historischen Teil vorgestellten theoretischen und praktischen Ansätze im Wohnungsbau hatten in Deutschland zur Zeit der Weimarer Republik durchaus Chancen, sich zu verbreiten. Doch im Nationalsozialismus wurden sie nach kurzer Zeit bereits wieder unterdrückt: Sie paßten nicht in die nationalsozialistische und patriarchale Familienideologie, die die Frauen an 'Heim und Herd' verbannnte. Bedingt durch die Notsituation in der Kriegs- und Nachkriegszeit lebten allerdings einige Ansätze wieder auf. Es "entstanden Überlebensgemeinschaften von verheirateten und unverheirateten Frauen. (...) Auch der Wohnungsbau sollte verändert werden und sich nach den Bedürfnissen solcher neuen Lebensformen richten: gemeinsame Speise- und Gesellschaftsräume werden gefordert. Eine eigene Wohnung zu haben, war für viele alleinstehende Frauen in der Nachkriegszeit ein existentielles Problem, da sie keinen Anspruch darauf hatten. Aus diesem Grund mietete z.B. der Berliner Frauenbund mehrere Großwohnungen für alleinstehende berufstätige Frauen. Solche Frauenwohnheime waren damals keine Seltenheit. Frauenwohngemeinschaften und Großfamilien zerfielen wieder, als das Leben sich 'normalisierte', als die Männer wieder zurückkamen, sich alle wieder in Kleinfamilien parzellierten. Dabei darf nicht vergessen werden, daß viele dieser Lebensformen – dem Krieg und der Not entsprungen – vom Charakter der berühmten Volks-, Haus- und Luftschutzgemeinschaften geprägt waren. Die Frauenfamilie konnte deshalb noch keine wirkliche Alternative zum Modell von Ehe und Familie sein" (Schmidt-Harzbach, 1982, S. 40).

Nicht nur die Wohnsituation der Frauen war stark von den herrschenden politischen Verhältnissen geprägt. Auch die Situation der im Baubereich tätigen Frauen war hiervon abhängig. Die Bestimmungen und Verordnungen wurden jeweils so festgelegt, daß Frauen nur dann im Baubereich zugelassen waren, wenn die Zahl der zur Verfügung stehenden Männer nicht ausreichend war: 1938 wurde die Arbeitszeitverordnung in Kraft gesetzt, die Frauenarbeit am Bau verbot und im wesentlichen noch heute gültig ist. So wurden Frauen aus diesem Bereich ausgeschlossen. Das Gesetz Nr. 32 des Alliierten Kontrollrats hob im Juli 1946 zwar das Berufsverbot und alle einschränkenden Bestimmungen zur Frauenarbeit im Baugewerbe auf, aber die Gewerbeaufsichtsämter in den Westzonen schlossen Frauen von Umschulungen in Baufachberufe weitgehend aus. Nach der Währungsreform wurden die Frauenarbeitsschutzbestimmungen zugunsten der heimkehrenden Männer dann wieder strenger gehandhabt, und ab 1952 hatte das generelle Baustellenverbot für Frauen wieder Gültigkeit. (Vgl. Weyrather, 1990)

Zum Studium der Architektur waren seit Anfang des Jahrhunderts Frauen zugelassen, doch durch die männliche Dominanz in diesem Fachgebiet und fehlende weibliche Vorbilder wurde Frauen die Aufnahme dieses Studiums erschwert. Im Nationalsozialismus kamen zu diesen Problemen noch die Rassengesetzgebung, die Vernichtungspolitik gegenüber JüdInnen und politische Verfolgungen hinzu. Berühmte Architektinnen wie Karola Bloch und Ella Briggs mußten emigrieren und hatten im Ausland noch weniger Möglichkeiten als die ebenfalls emigrierten Kollegen, ihren Beruf auszuüben. Entsprechend schwierig war das Terrain für sie in der Nachkriegszeit und

Frauen schaffen sich Räume

in der Zeit des Wiederaufbaus. Erst in den 50er Jahren erhöhte sich die Anzahl der Architektinnen. Ihren Beruf übten sie allerdings meistens mit ihrem Partner aus; es war die Zeit der "Ehepaare in der Architektur" (vgl. Schmidt-Thomsen, 1984).
Die steigende Zahl berufstätiger und nichtverheirateter Frauen sorgte in den 60er Jahren dafür, daß von staatlicher Seite die Notwendigkeit erkannt wurde, bei Gesetzgebung und Planung den Bedarf der Frauen miteinzubeziehen. 1961 wurde der kaum publik gewordene Arbeitskreis "Belange der Frau in Städtebau und Wohnungswesen" beim Bundesministerium für Städtebau und Wohnungswesen einberufen, der aus 20 Frauen bestand. Dieser Kreis beschäftigte sich ab Mitte der 60er Jahre insbesondere mit Wohnungsbaumaßnahmen für berufstätige 'alleinstehende' Frauen mit und ohne Kindern und initiierte Modellprojekte u.a. in Köln und Bremen. Nur das Projekt in Köln wurde ausschließlich für Frauen gebaut, die anderen Projekte bestanden aus großen Komplexen, in denen Wohneinheiten für 'alleinstehende' Frauen reserviert waren. Bei allen Modellprojekten befanden sich Einkaufsmöglichkeiten und Kindergärten in der Nähe. Die Wohnkomplexe waren als Vorstufe der Servicehäuser*, die wieder verstärkt in die Diskussion kamen, geplant. Im Rahmen des sozialen Wohnungsbaus wurden die Servicehäuser aus finanziellen Gründen jedoch nicht realisiert (vgl. Wohnungen für Alleinstehende, 1971). Wohl gab es sie in mehreren Ländern, vornehmlich in Schweden, sie konnten allerdings nur von einer finanziell bessergestellten Klientel in Anspruch genommen werden.

In den 70er Jahren mit deutlich zunehmenden Studentinnenzahlen in Architektur sowie Stadt- und Raumplanung und dem Beginn der Neuen Frauenbewegung entstand ein neuer Resonanzboden für eine frauengerechte Stadtplanung. Die theoretische Entwicklung der feministischen Architektur- und Planungsansätze drückte sich verstärkt durch eine Vielzahl von Tagungen und Publikationen aus, in denen eigene Ansprüche thematisiert und artikuliert wurden. Die genormten Wohnungstypen, die Mängel bei der Wohnumfeldgestaltung (fehlende wohnungsnahe Einkaufsmöglichkeiten, Kindergärten etc.), der auf den Autoverkehr ausgerichtete Straßenbau und der unattraktive öffentliche Nahverkehr standen ebenso im Blickpunkt wie die gesetzgeberische Diskriminierung von Frauen, z.B. bei der Nichtvergabe von Wohnberechtigungsscheinen an lesbische Lebens- und Wohngemeinschaften mit und ohne Kinder, bis hin zur Einforderung öffentlicher Freiflächen für sportliche Betätigung** und Thematisierung der Gewalt gegen Frauen (nicht nur) im öffentlichen Raum.

Die hier angesprochenen Aspekte sind nur ein Ausschnitt der vielfältigen Diskussionen, die sich in der Radikalität der Forderungen und in den Überlegungen zu ihrer Durchsetzung voneinander unterscheiden. Sie spiegeln aber sicherlich das breite Spektrum des Frauenblicks auf die Stadt wider.

* Der grundlegende Gedanke bei den Servicehäusern war, daß ein Teil der täglichen Reproduktionsarbeit wie Kochen, Waschen etc. professionell und/oder gemeinschaftlich in dafür vorgesehenen Gemeinschaftsräumen erledigt wurde.

** In Untersuchungen wurde festgestellt, daß Frauen hauptsächlich Sportarten ausüben, die kaum Raum in Anspruch nehmen. Was u.a. daran liegt, daß entsprechende Plätze von Männern in Besitz genommen werden.

Literatur:
Art. II: Die Bestimmungen der Verordnung vom 30.4.1938 über die Arbeitszeit (Arbeitszeitverordnung), Reichsgesetzblatt, 1938 I, S. 447.

Dörhöfer, Kerstin (Hgin.): Stadt - Land - Frau (Einleitung), Freiburg i.Br. 1990, S. 9-29.

Frauen in der Architektur - Frauenarchitektur, in: Bauwelt, Heft 31/32, Berlin 1979.

Grandinson, Carl/Arell, Ake/Lindman, Gunnar: Servicehaus im Sollentuna-Zentrum bei Stockholm, in: Bauen und Wohnen, Heft 4, München, 4/1971, S. 164-165.

Kein Ort, nirgends - Auf der Suche nach Frauenräumen, in: Arch+ (Zeitschrift für Architektur, Stadtplanung, Sozialarbeiter und kommunalpolitische Gruppen), Heft 60, Aachen, 12/1981.

Rasmussen, Peter/Eriksen, Stig: Entwurf für ein Wohnkollektiv, in: Bauen und Wohnen, Heft 4, Berlin, 4/1971, S.161.

Schlandt, Joachim: Servicehaus, Kollektivhaus, Kommune, in: Bauen und Wohnen, Heft 4, 4/1971, S. 140-146.

Schmidt-Harzbach, Ingrid: Serie Nachkrieg I, in: Courage, Heft 6, Berlin, Juni 1982.

Union Internationale des Femmes Architectes, Sektion Bundesrepublik e.V. (UIFA): Architektinnenhistorie. Zur Geschichte der Architektinnen und Designerinnen im 20. Jahrhundert. Eine erste Zusammenstellung. Katalog zur Ausstellung vom 19.-30.10.1984 anläßlich des 7. Internationalen Kongresses der Architektinnen, Städteplanerinnen und Landschaftsplanerinnen in Berlin, 1984.

Weyrather, Irmgard: Trümmerfrauen und Maurerinnen. Frauenarbeit im Baugewerbe in den Nachkriegsjahren, in: UIFA (Hgin.): Architektinnenhistorie. Zur Geschichte der Architektinnen und Designerinnen im 20. Jahrhundert, Berlin 1984, S. 15-30.

Wohnungen für Alleinstehende; in: Bauwelt, Heft 42, Berlin 18. Oktober 1971, S. 1682-1686.

FRAUEN
PLANEN
BAUEN
WOHNEN

FRAUEN INITIIEREN ZENTREN

"Ein Bauvorhaben ausschließlich mit Frauen zu planen und auch durchzuführen; ein Gebäude ausschließlich mit Frauen zu bewohnen – das ist die allererste Voraussetzung und gleichzeitig die allergrößte Hürde. Insofern ist es oftmals Luxus, zumindest aber eine zweitrangige Frage, wie der Raum gestaltet ist, den Frauen sich verschaffen: zunächst geht es darum, daß Frauen überhaupt eigenen Raum bekommen. Wer also wissen will, wie feministische Architektur aussehen könnte, muß dahin gehen, wo Frauen sich Raum geschaffen haben: in Stadt und Land; durch Anmietung, Kauf, Besetzung; mit den unterschiedlichsten Nutzungen: Frauenzentrum, Frauencafé, Frauenwerkstatt, Frauendisco, Frauengalerie, Frauenkneipe, Frauenbuchladen, Frauenkulturzentrum, Frauenwohngemeinschaft, Frauenhochschule, Frauenferienhaus, Frauenland ..." (Erlemann, 1983, S. 287)

Ende der 60er/Anfang der 70er Jahre bildeten sich die ersten – noch sozialistisch geprägten – Frauengruppen; auslösendes Moment war der Kampf gegen den §218, der von einer großen Öffentlichkeitskampagne begleitet wurde. Diesem Prozeß vorausgegangen war die Erkenntnis, daß die Forderungen von Frauen nach Autonomie und Selbstbestimmung, das Thematisieren von patriarchalen Gewaltstrukturen entweder gar nicht oder nur als "Nebenwiderspruch"* zur Kenntnis genommen wurden. Ab 1971 entstanden innerhalb kurzer Zeit in allen größeren Städten selbstinitiierte Frauenzentren, Stätten, die die Isolation von Frauen aufhoben, Rückhalt und Solidarität vermittelten. Freiräume, in denen feministische Inhalte und Ziele diskutiert und nach außen getragen, in denen Tabus gebrochen wurden und Visionen ihren Platz hatten. Politische Theorien wurden an der eigenen Lebenserfahrung überprüft: "Das Private ist politisch!" Die Neue Frauenbewegung war geboren. Es war die Zeit des allgemeinen euphorischen Aufbruchs. Lesben, die schon in der Frauenbewegung führende Rollen innehatten, lösten ihren "Nebenwiderspruch", indem sie eigene Zentren gründeten. Zunehmend erwiesen sich Frauen- und Lesbenzentren jedoch auch als "Sackgasse", da in ihnen politische Arbeit nur zusätzlich zum Beruf oder Studium in der Freizeit geleistet werden konnte. Der größere Teil des Privatlebens fand immer noch in der 'linken' Kneipe, im 'alternativen' Café, im 'normalen' Bildungszentrum, also außerhalb von reinen Frauenzusammenhängen, statt. Diesem Manko wurde abgeholfen mit dem Ausbau der feministischen Gegenkultur. Aus der Frauenbewegung wurde eine Frauenprojektebewegung. Lesbische und heterosexuelle Frauen eröffneten Frauencafés, -buchläden, -kneipen. Die ersten Frauenferien- und -bildungshäuser (in ländlichen Gebieten) wurden gekauft. In Großstädten war Wohnraum knapp und teuer, die Wohnungspolitik begünstigte Spekulation und Abriß. Das führte Anfang der 80er Jahre zur Hausbesetzungsbewegung alternativer Gruppen, die leerstehende Gebäude "instandbesetzten". Auch Frauen besetzten leerstehende Häuser und erreichten für vielfältige Projekte – nach vielen Kämpfen und mit massivem Druck – eine vertragliche Nutzung. Die Verfügung über diese Räume ermöglichte die Planung und Gestaltung nach eigenen Vorstellungen, eine Vernetzung der Funktionen

Frauen initiieren Zentren

Wohnen, Arbeiten und Lernen verbunden mit Freizeit- und Kulturangeboten. Die mit dem Umbau verbundenen Arbeiten (Planung, Modernisierung, Instandsetzung) nutzten Frauen zum Teil auch für ihre berufliche Qualifizierung.

Auch farbige und schwarze Frauen und Frauen mit anderem kulturellen Hintergrund als dem christlichen haben in den letzten Jahren in Europa verstärkt eigene Freiräume geschaffen, u.a. weil sie sich von der weißen Frauenbewegung weder berücksichtigt noch vertreten fühlen. In eigenen autonomen Gruppen und Zentren entwickeln und stärken sie ohne Fremdeinwirkung ihre kulturelle Identität.

Zu bemerken ist, daß alle Projekte nur durch zähe Kämpfe entstanden sind. Es bedurfte – und bedarf – eines überdurchschnittlichen Engagements, Verhandlungsgeschicks, Kreativität und Muts zu neuen Wegen, sie zu realisieren. Der erste Stolperstein ist die Suche nach geeigneten und finanzierbaren Räumlichkeiten. Zum einen sind Frauen- und Lesbenprojekte für Hauseigentümer nicht gerade die idealen Mieterinnen, so daß sich die Suche nach einem geeigneten Objekt oft lange hinzieht. Zum anderen wirken sich Mietgesetzgebung und derzeitige politische Verhältnisse für weniger finanzstarke Projekte oft katastrophal aus. So ist vorauszusehen, daß Grundstück und Wohnraum z.B. in Berlin (bedingt durch die Vereinigung und den zukünftigen Regierungssitz) zum Spielball von Spekulanten werden und die Mieten um ein Vielfaches steigen. Auch die schon existierenden Projekte sind davon betroffen, bei einigen ist nicht sicher, ob und unter welchen Konditionen die Mietverträge verlängert werden. Das ist aber nicht das einzige Problem: Alle Projekte, so erfolgreich sie auch sein mögen, müssen in finanzieller Hinsicht von einem Quartal zum nächsten jonglieren. Zu befürchten ist, daß die ohnehin knapp bemessenen staatlichen Mittel in der jetzigen Situation radikal gekürzt werden. Eine langfristige Planung ist daher fast unmöglich. Um so erstaunlicher ist es, daß viele Projekte so lange Zeit – teilweise über zehn Jahre – existieren.

In diesem Abschnitt werden Frauenzentren aus der Bundesrepublik, Dänemark, den Niederlanden und Großbritannien vorgestellt. Die Räumlichkeiten haben sich Frauen durch Besetzung und/oder Anmietung angeeignet oder wurden in einem Fall neu gebaut. Mit – z.T. stadtteilnahen – Treffpunkten als (Frei-) Räume zur Selbstentfaltung wurde eine feministische Infrastruktur geschaffen. Die Zentren sind – mit Schwerpunkt auf dem Kulturbereich – auf multifunktionale Nutzung ausgerichtet, bieten vielfach auch Arbeitsplätze und Ausbildungsmöglichkeiten sowie Wohnräume. Allen Projekten gemeinsam ist die kooperative Konzeptentwicklung. Die Entwurfs- und Planungsprozesse zeichnen sich durch eine intensive Zusammenarbeit zwischen Architektinnen, Planerinnen und den späteren Nutzerinnen aus.

* Nach der marxistischen Theorie wird der Klassengegensatz (Arbeit – Kapital) als Hauptwiderspruch definiert. Der Nebenwiderspruch, die Unterdrückung der Frau durch den Mann, löst sich bei Verwirklichung der sozialistischen Gesellschaft automatisch auf.

Literatur:
Anders, Ann (Hgin.): Autonome Frauen. Schlüsseltexte der Neuen Frauenbewegung seit 1968, Frankfurt/Main 1988.

Erlemann, Christiane: Was ist feministische Architektur?, in: Pusch, Luise F. (Hgin.): Feminismus. Inspektion der Herrenkultur, Frankfurt/Main 1983, S. 279-289.

FRAUEN PLANEN BAUEN WOHNEN

SARAH – CAFÉ UND KULTURZENTRUM FÜR FRAUEN e.V. IN STUTTGART

Sarah ist eines der ersten Umnutzungsobjekte der Neuen Frauenbewegung und hatte insofern Vorbildcharakter für viele folgende Frauenprojekte. Es war der Versuch einer Existenzsicherung und die Umsetzung eines oft formulierten Ziels der Frauenbewegung: eine Politik zu verwirklichen, die vom eigenen Lebensalltag ausgeht. Konzept des Projekts war die Verknüpfung der Bereiche Wohnen, Arbeiten und Kultur. Außerdem sollte eine Begegnungsstätte geschaffen werden.

Vier Frauen, darunter zwei Architektinnen, mieteten 1978 nach längerer Suche und zähen Verhandlungen ein fünfgeschossiges Wohngebäude an, insgesamt 550 Quadratmeter, mit einer Gewerbeetage im Erdgeschoß. Der Standort entsprach genau den zuvor formulierten Anforderungen: gute Infrastruktur, "Publikumsverkehr" in der Straße, fußläufige Erreichbarkeit der City und Anschluß an den öffentlichen Nahverkehr.

An dem Haus waren umfangreiche Umbaumaßnahmen notwendig, im Erdgeschoß mußten beispielsweise zwei Zwischenwände herausgenommen und auf allen Etagen Bäder eingebaut werden. Die Bauleitung lag in den Händen der beiden Architektinnen, die das Haus mitmieteten, Maler- und Schreinerarbeiten (Theke und Tische im Café) sowie die Renovierung bewältigten die Frauen aus eigener Kraft. Die Kosten für den Einbau von Bädern und die Küchenmodernisierung übernahm die private Vermieterin, die Kosten für den Umbau des Erdgeschosses (Café) trug der Verein. Insgesamt wurden 16 000 DM aus Bausparverträgen, Erspartem und Krediten investiert.

Nach einer kurzen Bauphase konnte das Frauenkulturzentrum mit Café im November 1978 in Betrieb genommen werden. In dem Haus wohnen heute zwölf Frauen in Wohngemeinschaften. Das Kulturprogramm reicht vom Autoreparaturworkshop über politische Diskussionsveranstaltungen bis hin zum Selbstverteidigungstraining, zu Tanzveranstaltungen und wissenschaftlichen Vorträgen. Neben dem Kulturbetrieb und den Kursen gibt es Beratungsangebote (z.B. Sozialhilfe- und Rechtsberatung) und regelmäßige Treffen, z.B. die einer Architektinnengruppe. Die gut besuchten Kurse bieten einigen Frauen, die teilweise in dem Gebäude wohnen, eine selbständige Existenz.

Namenspatroninnen dieses Projekts sind die "Beginen", die im Mittelalter Lebens- und Arbeitsgemeinschaften sowie ökonomische Netzwerke zur gegenseitigen Unterstützung von Frauen aufbauten (vgl. Frauenstadtbuch Berlin, 1989). Die zeitgenössische Begine wurde 1986 als ein Projekt des Vereins zur Entwicklung neuer Lebensqualitäten für Frauen gegründet mit dem Ziel, Künstlerinnen ein Forum für ihre Darbietungen zu schaffen, Frauen zu kreativen Ausdrucksformen anzuregen und diese öffentlich zu präsentieren.

Die Vorgeschichte begann 1980: Die ursprüngliche Planung sah eine Selbsthilfeeinrichtung für Prostituierte ("Hydra") vor, erweiterte sich jedoch dahingehend, Projekte in einem größeren Zusammenhang zu entwickeln.

1981 wurde ein großes leerstehendes Wohngebäude besetzt und als Dachverband der Projekte, die sich in dem Haus ansiedeln sollten, der Verein zur Entwicklung neuer Lebensqualitäten für Frauen e.V. gegründet, der ein Nutzungskonzept für die vorhandenen sechs großen Fünfzimmerwohnungen entwickelte: Es umfaßte einen Frauentreffpunkt mit Café, eine Holz- und Metallwerkstatt, Seminar- und Gruppenräume, eine Frauenmitfahrzentrale, eine psychologische Beratungsein-

---

Literatur:
Erlemann, Christiane: Aufbau lokaler Öffentlichkeit als Voraussetzung für einen demokratischen Planungsprozeß am Beispiel des Frauenkulturzentrums in Stuttgart, unveröffentlichte Dipl.-Arbeit am Lehrstuhl für Planungstheorie, Abt. Architektur, RWTH Aachen 1979.

Laufner, Odile/Linke, Eveline: Architektur - versteinerter Ausdruck der Kultur und patriarchalen Macht, in: Autonomie oder Institution. Über die Leidenschaft und Macht von Frauen, Beiträge zur 4. Sommeruniversität der Frauen – Berlin 1979, Berlin 1981, S. 519-525.

Fotos:
Christiane Erlemann, Habichtswald/Kassel.

Frauen initiieren Zentren

BEGINE – CAFÉ UND KULTURZENTRUM IN BERLIN-SCHÖNEBERG

richtung, zwei betreute Wohngemeinschaften für junge Frauen und Wohnungen für alleinerziehende Mütter. Der Hof mit Garten sollte zu einem Spiel- und Verweilbereich umgestaltet werden.

Vom alternativen treuhänderischen Sanierungsträger "Sozialpädagogisches Institut" (SPI) erfolgte die Zusage zur Unterstützung für die Mietung des Hauses in der Potsdamer Straße. Eigentümerin ist eine gemeinnützige Wohnungsbaugesellschaft, die das Gebäude jahrelang nicht instand gesetzt hatte. Sie stellte sich der Projektidee dann auch nicht entgegen. Das SPI übernahm die Sanierungstreuhänderschaft und beauftragte zwei Architektinnen mit der Bauleitung. Finanziert wurde die Instandsetzung des Hauses im Rahmen der Förderung von Selbsthilfeprojekten aus Sanierungsmitteln des Berliner Senats, die Frauen hatten ein Viertel der Baukosten in Selbsthilfe zu erbringen. Die Bauarbeiten erfolgten von 1984 bis 1987. Der 500 Quadratmeter große Garten wird für Gemüseanbau, Kompostierung und als Aufenthaltsort genutzt. Außerdem wurde ein Feuchtbiotop angelegt. Eine weitere Besonderheit ist die Warmwasserversorgung des Hauses: sie wird seit 1988 durch auf dem Dach installierte Sonnenkollektoren abgedeckt, eine Arbeit des Projekts der Technischen Universität "Frauen entwickeln Einfachtechnologien".

Bereits im Herbst 1981 sind die ersten Projekte in das Haus eingezogen. (Hydra war ebenfalls dabei, 1983 hat dieses Projekt jedoch andere Räume bezogen.) Im Oktober 1986 wurde das Café und Kulturzentrum Begine eröffnet, in dem seither Vorträge, Diskussionsveranstaltungen, Filmvorführungen, Autorinnenlesungen, Musikdarbietungen und Ausstellungen stattfinden. Das Angebot der Begine beschränkt sich jedoch nicht auf den rein künstlerischen Bereich, sondern unterstützt ebenso Immigrantinnen in rechtlicher und politischer Hinsicht und versteht sich als Nachbarschaftszentrum, das frauenorientierte Stadtteilarbeit leistet. Die Begine finanziert sich zum Teil aus Arbeitsbeschaffungsmaßnahmen; Raummiete und die Bezahlung einer Projektleiterinnenstelle werden vom Frauensenat übernommen. (Vgl. "Ich bin meine eigene Frauenbewegung", 1991)

Zur Zeit befinden sich außer der Begine folgende Einrichtungen in dem Haus:
– Goldrausch, ein feministisches Netzwerk, das Frauen-/Lesbenprojekte mit zinslosen Darlehen und Zuschüssen fördert. Bis Ende 1987 unterstützten sie mit ca. 550 000 DM etwa 120 Projekte unterschiedlichster Ausrichtungen: Handwerkerinnen, Künstlerinnen, Lokalitäten, Buchläden, politische Aktivitäten, Bildungsarbeit etc. (vgl. Wegweiser für Frauen, 1990);
– Blattgold, monatlich erscheinende Programmzeitschrift für Frauen, in der neben aktuellen Terminen und Hinweisen auf kulturelle Veranstaltungen auch redaktionelle Beiträge zu wichtigen Themen und Projektdarstellungen Raum finden;
– Frauen unterwegs e.V. – Frauen reisen, ein Verein, der Gruppenreisen für Frauen anbietet und organisiert. Ein Schwerpunkt liegt dabei auf der Vermittlung der örtlichen Frauengeschichte und -kultur;
– Pelze, ein multi-media-Projekt, das hauptsächlich ein Forum für experimentelle Kunst bietet (seit Anfang 1991 vom Dachverband gelöst);
– zwei betreute Wohngemeinschaften für junge Frauen und Wohnungen für alleinerziehende Frauen.

Die Projekte des Vereins zur Entwicklung neuer Lebensqualitäten für Frauen sind eng miteinander verknüpft. Entscheidungen, die das Haus betreffen, z.B. Mieterhöhungen und Vermietungen an andere Projekte, werden in monatlich stattfindenden Hauptversammlungen getroffen. Ansonsten gilt für jedes Projekt die Projektautonomie und Selbstverantwortung.

Hofbereich vor und nach der Renovierung

Literatur:
Bezirksamt Schöneberg (Hg.): "Ich bin meine eigene Frauenbewegung", Berlin 1991.

Fraueninfothek: Stadt der Frauen, Berlin 1990.

Projektgruppe Frauen(t)räume (Hgin.): Frauenstadtbuch Berlin, Berlin 1989.

Senatsverwaltung für Frauen, Jugend und Familie (Hgin.): Wegweiser für Frauen, 3. Aufl., Berlin 1990.

Wir arbeiten fest an unseren Träumen, in: Arch+, Heft 60, Dezember 1981, S. 18.

Fotos:
Begine, Berlin.
Doris Härms, Hannover.

FRAUEN PLANEN BAUEN WOHNEN

KVINDECENTRET GREVINDE DANNER (FRAUENZENTRUM GRÄFIN DANNER) IN KOPENHAGEN, DÄNEMARK

Die Anfangsgeschichte dieses Wohnhauses für alleinstehende und mittellose Frauen klingt wie aus einem Märchen: Am Anfang des 19. Jahrhunderts heiratete König Frederik VII. von Dänemark die Tochter einer Dienstmagd und machte sie zur Gräfin Danner. Die Gräfin – heute noch eine Lieblingsfigur der dänischen Geschichte – vergaß nie ihre Herkunft und verfügte testamentarisch, daß eine Stiftung mit ihrem gesamten Vermögen in ihrer Villa ein Frauenwohnhaus einrichten sollte. Es umfaßte 52 freie Unterkünfte für alleinstehende Frauen über 40 Jahre aus der Arbeiterklasse. 1979, d.h. nach 150 Jahren, plante der Vorstand der Stiftung ihre Auflösung und verkaufte das wertvolle innerstädtische Grundstück an eine Baugesellschaft, die das Gebäude abreißen wollte. Dieses Vorgehen löste in der Frauenbewegung große Empörung aus; 300 Frauen besetzten für einige Zeit das Haus. Daraufhin gab es von vielen Gruppen und Parteien Sympathiekundgebungen. Durch den Druck der Öffentlichkeit verkaufte die Baugesellschaft das Haus schließlich an die Frauen weiter. Der hohe Kaufpreis von ca. 1 Million DM – natürlich inklusive einer hohen Abstandssumme für die Baugesellschaft – konnte in kürzester Zeit aufgebracht werden, weil sich Hunderte von Frauen einsetzten: Flohmärkte und Sperrmüllaktionen wurden durchgeführt, Solidaritätskonzerte veranstaltet und Spendengelder gesammelt. Außerdem konnte eine große Privatbank gewonnen werden, die die Bürgschaft für die Finanzierung der Renovierungsarbeiten übernahm.

In dem weitläufigen Gebäudekomplex wurden Räumlichkeiten für unterschiedliche Nutzungen geschaffen: Das dritte Kopenhagener Zentrum für mißhandelte Frauen erhielt 18 Wohnräume im Kern des Hauses. Im mittleren Bereich befinden sich die Räume des Frauenzentrums. Im äußeren Bereich ist Platz für kleine Läden, Cafés und das Nachbarschaftszentrum; nur hier haben auch Männer Zutritt. Für die gesamte Baumaßnahme wurde ein Umschulungs- und Weiterbildungskonzept für Frauen entwickelt. Die Qualifizierungsmaßnahmen für erwerbslose Frauen förderte das Arbeitsministerium. Das Kultusministerium finanzierte die Restaurierung des historischen Gebäudes. Maurer-, Zimmer-, Dachdecker-, Isolier-, Glaser- und Elektroarbeiten wurden in kleinen Lern- und Arbeitsgruppen von ca. drei bis vier Frauen eigenverantwortlich und ohne hierarchische Strukturen ausgeführt, wobei die Restaurierung der historischen Bausubstanz ein wesentliches Element der Arbeiten darstellte. Die Lehrgänge – geleitet von vier Fachfrauen – dauerten jeweils sechs Monate und ermöglichten den Frauen, anschließend als angelernte Kräfte eine andere Stelle zu finden oder eine weitergehende Qualifikation anzuschließen. Die Umbauarbeiten erstreckten sich über einen Zeitraum von mehr als zwei Jahren. Innerhalb dieser Zeit nahmen ca. 100 Frauen an der Maßnahme teil. Für die meisten von ihnen war dies ein wichtiger Schritt, um sich auch weiterhin erfolgreich in der Baubranche betätigen zu können.

Das ganze Projekt konnte nur deshalb realisiert werden, weil sich Frauen aus immerhin 30 verschiedenen Gruppen zusammenschlossen, sich gemeinsam stark engagierten und ein großer Teil der gesamten dänischen Öffentlichkeit hinter ihnen stand. Nur hierdurch wurde es möglich, alle finanziellen, aber auch rechtlichen Schwierigkeiten – es mußte eine Ausnahmegenehmigung erstritten werden, damit das staatlich geförderte Ausbildungsprojekt auf Frauen 'reduziert' werden konnte – zu überwinden.

Literatur:
Marker, Birthe/Sjorup, Lene/Wolf, Karen (Hginnen.): Island, Grönland, Dänemark und die Färöer der Frauen, München 1991.

Seeland, Susanne/Strauven, Claudia: Frauen, die sich Häuser bauen - Perspektiven für neue Arbeits- und Lebensformen im (Auf-)Bau von Frauenprojekten, in: Dörhöfer, Kerstin/Terlinden, Ulla (Hgin.): Verbaute Räume - Auswirkungen von Architektur und Stadtplanung auf das Leben von Frauen, Köln 1987, S. 132-138.

Frauen initiieren Zentren

FRAUEN-STADTTEILZENTRUM KREUZBERG e.V., SCHOKO-FABRIK IN BERLIN-KREUZBERG

Die "Schoko" ist das derzeit größte Westberliner Frauenprojekt. Genutzt wird es von Frauen in Kreuzberg, besonders Immigrantinnen. Die Angebote ziehen jedoch Frauen aus der ganzen Stadt sowie auswärtige Besucherinnen an.

Im Mai 1981 besetzten Frauen die zum Abriß vorgesehenen Gebäude der ehemaligen Schokoladenfabrik "Greiser und Dobritz", die seit acht Jahren leerstand, um darin auf 2 000 Quadratmeter Nutzfläche ein Zentrum mit vielfältigem Angebot für Frauen zu schaffen. Im selben Jahr wurde auch der Verein "Frauenstadtteilzentrum Kreuzberg" gegründet.

Nachdem der Beschluß, die Schokoladenfabrik nicht abzureißen, durchgesetzt worden war, wurde mit der Eigentümerin, der Gemeinnützigen Siedlungs- und Wohnungsgesellschaft, ein langfristiger Mietvertrag abgeschlossen. Die Architektinnengruppe PlanSchok(o) erarbeitete Anträge für die Finanzierung des Umbaus. Da der Gebäudekomplex im Gebiet der Internationalen Bauausstellung (IBA)-Altbaubereich lag, konnte der Umbau als IBA-Projekt realisiert werden. Die Baukosten wurden über eine komplizierte Mischfinanzierung durch Senats- und Bundesmittel aufgebracht. Die Bauzeit dauerte fünf Jahre (1982-1987), verzögert durch einen Baustopp von einem halben Jahr wegen Mittelsperrung und pauschaler Mittelkürzung um fünf Prozent. Das gesamte Zentrum erstreckt sich über zwei Gebäude. Im ehemaligen Verwaltungsgebäude befinden sich die Kindertagesstätte einer Elterninitiative und Räume für eine offene Kinderbetreuung im Erdgeschoß. Im Vorderhaus hat die Selbstverwaltung ihr Büro eingerichtet, und in den oberen Etagen sind sieben Wohnungen für Frauen (teilweise mit Kindern), dazu zwei Etagen, die vermietet werden.

Die Außenbepflanzung wurde von der Frauen-Ökogruppe "Die Wüste lebt" vorgenommen. Sie konnte zahlreiche Maßnahmen, teilweise finanziert durch die IKEA-Stiftung, verwirklichen: Der erste Hof – als Eingangsbereich – wurde begrünt, erhielt Sitzmöglichkeiten und ein Wasserbecken sowie einen Mauerdurchbruch zum Nachbarhof. Hier stehen die Wurmkisten, in denen pflanzliche Abfälle kompostiert werden. Die Giebelfassade nach Westen erhielt eine begehbare Pflanzenwand. Das Dachgeschoß wurde zum Dachgewächshaus umgebaut: Das Süddach ist verglast und hat einen Laufsteg sowie Lüftungs- und Verschattungsvorrichtungen; das Norddach erhielt eine Grasdecke. Der Fußboden, eine hinterlüftete Holzbalkendecke, hat einen wasserdichten Gummibelag. In Pflanzenkästen können hier die Bewohnerinnen Gemüse und Zierpflanzen für den Eigenbedarf ziehen.

Die Architektinnengruppe Itekton installierte im Wohntrakt als Modellversuch eine Humustoilette, die nur 1/8 Liter Wasser pro Spülung benötigt und in der Fäkalien und organische Küchenabfälle zu "Walderde" für das Dachgewächshaus verwandelt werden. Die Abfälle werden durch eine Mülleinwurfklappe in einen Schacht geworfen, der in einem Tank im Keller endet.

Im Kellergeschoß des ehemaligen Fabrikgebäudes befindet sich das türkische Bad "Hamam", dessen Glaskuppel den Mittelpunkt des Caféhofs bildet. Allgemeiner Treffpunkt und Informationsbörse ist das Café im Erdgeschoß. Im ersten Obergeschoß sind Werkstätten, im zweiten ist die Sportetage untergebracht. Gruppenräume für Beratung, Kurse und das Frauenkrisentelefon haben im dritten Obergeschoß Platz gefunden. Das vierte Geschoß wurde zur Kunst- und Tanzetage. Hier finden häufig Ausstellungen statt. Das Dach-

FRAUEN PLANEN BAUEN WOHNEN

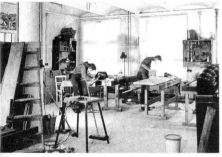

geschoß erhielt zwei Dachterrassen. Auch bei diesem Gebäude wurden verschiedenste ökologische Maßnahmen, wie etwa die Berankung von Mauern, umgesetzt.

Die Bedeutung der Schoko geht weit über Berlin hinaus. Allein das türkische Bad zieht viele Berlin-Besucherinnen an und stellt sicherlich für ausländische Frauen einen Anreiz dar, das Frauenstadtteilzentrum aufzusuchen und darüber auch den Weg zu anderen Angeboten der Schoko zu finden.

Im Moment werden Finanzierungsmodelle für den Kauf der Schoko entworfen. Trotz der zu erwartenden einschneidenden Kürzungen öffentlicher Mittel ist zu hoffen, daß durch den eventuellen Ankauf des Gebäudes das Projekt eine abgesicherte Zukunftsperspektive erhält.

Literatur:
Bosse, Petra/Zimmer, Veronika: Ökologische Baumaßnahmen im Frauenstadtteilzentrum Schokoladenfabrik in Berlin-Kreuzberg, Bauablauf, in: Freiräume, Heft 2, Berlin 1986, S. 33-44.

Frauenstadtteilzentrum Kreuzberg Schokoladenfabrik, Berlin, Oktober 1986.

Internationale Bauausstellung (Hgin.): Frauenstadtteilzentrum Kreuzberg e.V. Schokoladenfabrik, Berlin 1984.

Internationale Bauausstellung (Hgin.): Planung eines Frauenstadtteilzentrums in Kreuzberg, Berlin 1982.

S.T.E.R.N. Gesellschaft der behutsamen Stadterneuerung Berlin mbH und Frauenstadtteilzentrum (Hgin.): Ökologische Maßnahmen im Frauenstadtteilzentrum Schokoladenfabrik, Berlin 1988.

Fotos:
Frauenstadtteilzentrum Kreuzberg e.V., Berlin.
Doris Härms, Hannover.

Das Stadtteilzentrum Adlerstraße e.V. ist ein selbstverwaltetes Kultur- und Projektehaus in der westlichen Innenstadt Dortmunds. Entstanden ist es durch Initiative einer Interessengemeinschaft, die sich für den Erhalt und die Wiedernutzung einer in städtisches Eigentum übergegangenen ehemaligen Maschinenfabrik einsetzte, die aus zwei Verwaltungs-, zwei Nebengebäuden und drei großen Hallen bestand. Zahlreiche Vereine dieser Interessengemeinschaft waren Frauenvereine. Das Engagement für die Fabrik bot ihnen die Chance, in "ihrem" Stadtteil die dringend erforderlichen größeren Räumlichkeiten zu finden und ihre Vereinsarbeit auszubauen.

Nach langwierigen Verhandlungen erklärte sich die Stadt im Dezember 1985 bereit, die beiden Verwaltungsgebäude der ehemaligen Fabrik den antragstellenden Vereinen in einem nutzbaren Zustand mietfrei zu überlassen, die übrigen Gebäude ließ die Stadt abreißen. Die Umbaukosten sollten durch Zuschüsse der Stadt und des Landes in Höhe von 800 000 DM und durch Übernahme von baulichen Eigenleistungen der zukünftigen NutzerInnen der beiden Verwaltungsgebäude in Höhe von 100 000 DM abgedeckt werden.

FOPA
Feministische Organisation von Planerinnen und Architektinnen e.V. in Dortmund

FOPA Dortmund ist aus den Aktivitäten einer Gruppe von Lehrenden und Studentinnen der Abteilung Raumplanung an der Universität Dortmund entstanden. Sie problematisierten erstmals 1979 das Thema "Frauen in der Planung", initiierten ein Studienprojekt zu "Fraueninitiativen im Wohnbereich", veranstalteten 1980 eine erste Tagung "Frauen und Planung - Betroffene und Planerinnen organisiert Euch!" und fanden sich - diesem Motto folgend - im Anschluß daran zur Planerinnengruppe Dortmund zusammen.

Ab 1982 schlossen sich die Frauen der Planerinnengruppe Dortmund der Feministischen Organisation von Planerinnen und Architektinnen (FOPA) Berlin an, die bereits als eingetragener Verein organisiert war. Da sich eine enge überregionale Verbindung der Frauen in dem Verein FOPA in der praktischen und organisatorischen Arbeit als zu aufwendig herausstellte, machten sich die FOPA-Frauen aus Dortmund 1985 mit einem eigenen Verein selbständig. Büroräume hatten sie schon 1984 angemietet. Seit dieser Zeit sind in unterschiedlichen Projekten regelmäßig mehrere Frauen beschäftigt. Mit dem Umzug in die Frauenetage des Stadtteilzentrums Adlerstraße im Jahre 1988 haben sich die räumlichen Möglichkeiten und damit verbunden die Aktivitäten von FOPA stark erweitert.

Zielsetzung des Vereins ist die Gestaltung der baulich-räumlichen Umwelt im Interesse von Frauen. Über Forschungs- und Praxisvorhaben, Informations- und Bildungsarbeit, Beratung von interessierten Frauen, Gruppen und Institutionen sowie Veröffentlichung von Publikationen, Mitarbeit an Tagungen und den Aufbau des Archivs "Frauen Planen Bauen" trägt FOPA zur Umsetzung ihrer Ziele bei. Ihr Engagement hat vielerorts Diskussionen angeregt, zur Gründung von örtlichen und überörtlichen Arbeitskreisen geführt und die öffentliche Anerkennung der Frauenbelange in der Planung in Nordrhein-Westfalen gestärkt.

Frauen initiieren Zentren

FRAUEN-INITIATIVEN IM STADTTEILZENTRUM ADLERSTRASSE IN DORTMUND

Der Verein finanziert sich über Mitgliedsbeiträge, Spenden und Werkaufträge. Ein großer Teil der Beratungsleistungen muß jedoch nach wie vor ehrenamtlich erfolgen, da weder Frauengruppen noch Gleichstellungsbeauftragte in ausreichendem Maße über Möglichkeiten verfügen, diese Leistungen zu bezahlen. Um die gesellschaftspolitische Aufgabe der Förderung der Gleichberechtigung von Frauen in der Planung künftig zu stärken, sieht es FOPA Dortmund als erforderlich an, Beratungseinrichtungen für Frauenbelange in der Planung auch in der Bundesrepublik öffentlich zu fördern.

Eine zukünftige Aufgabe ist die Vernetzung der zunehmend örtlich bzw. regional entstehenden Einzelvereine der FOPA in Berlin, Dortmund, Hamburg, Kassel, Rhein-Main und Köln (in Gründung) sowie der Ausbau der Kontakte zu anderen Frauenplanungsgruppen, auch in den neuen Bundesländern und im Ausland.

Der Umbau der Gebäude erfolgte in Selbsthilfe und unter Beteiligung alternativer Handwerksunternehmen. Die "Selbsthilfe-Fachbetreuung" – finanziert über Mittel des Arbeitsförderungsgesetzes (Arbeitsbeschaffungsmaßnahmen) – übernahmen eine Architektin und eine Bauingenieurin. Aufgrund der

Vielzahl an Frauenprojekten in der zukünftigen NutzerInnengruppe waren während der Umbauphase viele Frauen in der Bauselbsthilfe tätig und konnten zahlreiche Erfahrungen sammeln. Insbesondere FOPA und der Verein Baufachfrau (ein Zusammenschluß von Architektinnen und Handwerkerinnen) haben streckenweise durch überdurchschnittliches Engagement und längerfristige Einsatzbereitschaft handwerklich versierter Frauen den Bauprozeß vorangetrieben und damit Kontinuität in die Selbsthilfe und den Baufortschritt gebracht.

Der Traum von einem reinen "Frauenprojektehaus" in einem der beiden Verwaltungsgebäude ließ sich aufgrund der Raumsituation, bedingt durch den Abriß einiger Gebäudeteile, nicht verwirklichen. Neben dem Mütterzentrum im Erdgeschoß, das Mitte 1988 als erstes Projekt in das neue Stadtteilzentrum einzog, gibt es noch die Frauenetage im zweiten Stock. Hier haben FOPA, Baufachfrau e.V., Wildwasser, ein Verein gegen sexuelle Gewalt an Mädchen und Frauen und das FrauenForschungsInstitut (FFI) Rhein-Ruhr Raum gefunden. Das FFI ist Anfang 1991 wegen der akuten Raumnot wieder ausgezogen. Über ihnen im Dachgeschoß führt die Dortmunder Frauenzeitung "Igitte" ihr Büro.

Mit diesen Vereinen wird die Infrastruktur für Frauen im Stadtteil erheblich verbessert. Die unmittelbare räumliche Nähe gestattet zudem neue Formen der Vernetzung und der gegenseitigen Hilfestellung und fördert gemeinsame Aktivitäten wie politische und kulturelle Veranstaltungen, Stadtteilfeste und vieles andere mehr.

Literatur:
Stadtteilzentrum Adlerstr.e.V. (Hg.) Adlerstraße - eine Straße lebt, Dortmund 1987.

Faltblatt Stadtteilzentrum Adlerstraße 1989.

Interessengemeinschaft Stadtteilzentrum Adlerstraße c/o FOPA e.V.: Überlegungen zu einem Stadtteilzentrum auf dem Gelände der ehemaligen Miebach-Fabrik in der Adlerstraße, Dortmund o.J.

Roling/Rotters: Unveröffentlichte Diplomarbeit an der Fachhochschule Dortmund, Dortmund 1985.

Selbstdarstellung, in: Dortmunder Zentren (Hg.): Selbstorganisierte Kultur in Dortmund, Dortmund 1988.

Fotos:
Angelika Schillings, Dortmund.

FRAUEN PLANEN BAUEN WOHNEN

VROUWENSCHOOL IN NIJMEGEN, NIEDERLANDE

Ende 1979 besetzten Frauen ein Schulgebäude in Nijmegen, um dem Mangel an Wohn- und Atelierräumen für Frauen abzuhelfen. In Zusammenarbeit mit einer Architektin wurden zunächst die Renovierungsmaßnahmen geplant und

ein Finanzierungskonzept erstellt. Nach den gemeinsam entwickelten Plänen entstanden – neben den Wohnräumen – eine Fahrradwerkstatt, verschiedene Kunstateliers, Redaktionsräume der Mädchenzeitschrift "Katijf", eine Theaterwerkstatt und eine Buchbinderei.

Die Gemeinde, als Eigentümerin der Schule, erlaubte eine vorläufige unentgeltliche Nutzung, und für die notwendigen Reparaturarbeiten erhielt das Projekt einen Zuschuß von 40 000 Gulden. Außerdem konnten die Frauen eine niederländische Besonderheit für sich durchsetzen: Sie wurden von der Gemeinde als "Wohn- und Arbeitsgemeinschaft" anerkannt und haben, falls sie die Schule verlassen müssen, Anspruch auf Ersatzräume. Anträge auf weitere öffentliche Subventionen wurden allerdings abgelehnt.

Die Gruppe besteht aus sehr aktiven Frauen, die ihre Projektidee und -entwicklung auch in die Öffentlichkeit tragen. Zu diesem Zweck wurde eine Fotoausstellung geschaffen, mit der sie sich präsentieren.

Fotos: Annet Hahn, Nijmegen.

Londoner Modell
Förderung und fachliche Unterstützung feministischer Planungsprojekte

Ein wegweisendes Modell für die Unterstützung von Frauen(planungs)projekten konnte in den Jahren 1981 bis 1986 in London erprobt werden. Hier existierte fünf Jahre lang mit der Einrichtung eines "women's committee" (städtischer Frauenausschuß) die Infrastruktur und ein Haushaltstitel für die Förderung von Frauenprojekten in London.

Eine politisch starke Frauenbewegung, in der sich auch aktive Planerinnen und Architektinnen engagierten, und die Wiederwahl der Labour-Partei 1981 in die Londoner Stadtregierung bildeten die Grundlage für die Entstehung des Frauenförderungsmodells. Labour trat damals mit einem "radikalen Manifest" für den Abbau von Arbeitslosigkeit und Umverteilung von Ressourcen für die am meisten benachteiligten Bevölkerungsgruppen sowie vor allem für Chancengleichheit ein (vgl. Schües, 1989).

Parteifrauen und die autonome Frauenbewegung forderten die Einlösung dieser Ziele und konnten schließlich nach einem Jahr die Einrichtung eines Frauenausschusses durchsetzen. Der Frauenausschuß hatte nun Zugriff auf Informationen über die Tätigkeit anderer städtischer Ausschüsse - eine wesentliche Voraussetzung für effektives Arbeiten - und war berechtigt, eigene Vorschläge zu unterbreiten. Ein eigenes Budget und eine eigene Verwaltung, die als Kollektiv bei der Stadtverwaltung arbeitete und in acht Londoner Stadtbezirken Büros einrichtete, sicherte die Arbeit ab.

Neben zwölf Frauen aus den im Stadtparlament vertretenen Parteien wurden acht Frauen aus unterschiedlichen gesellschaftlichen Gruppen in den Ausschuß benannt: u.a. schwarze Frauen, gewerkschaftlich organisierte Frauen, behinderte Frauen. Zwölf weitere Frauen - mit beratender Funktion - ergänzten die Arbeit des Ausschusses in den Bereichen Jugend, Familie, Gewalt gegen Frauen. Die Sitzungen des Ausschusses waren öffentlich. Alle drei Monate fanden themenbezogene offene Anhörungen statt. Durch Versammlungen in einzelnen Stadtbezirken, eine kostenlos verteilte Zeitung, Flugblätter und Befragungsaktionen wurde versucht, möglichst viele Frauen zu erreichen. Kinderbetreuungsmöglichkeiten sowie die Einrichtung von Hilfen für Behinderte für die jeweiligen Sitzungen waren selbstverständlich.

Über Parteigrenzen hinweg wurden hier die Belange von Frauen diskutiert, gemeinsame Ansprüche formuliert und konkrete Projekte entwickelt. Zum Problem der Planung erarbeitete der Frauenausschuß das Dokument "changing places - positive action on women and planning" (Wechselnde

Plätze - positive Aktionen von Frauen und Planung) als Teil des 1983 vorgelegten Stadtentwicklungsplans für London. Die Handlungsempfehlungen bauen auf dem Wissen eines bestehenden feministischen Planerinnen-Netzwerkes auf. Konkret wurden teilweise langfristige Forderungen von Frauen in den Bereichen Arbeit und Wohnen, Betreuung und Versorgung, Wohnungsbau, Mobilität, Sicherheit, Einkaufen und Freizeit entwickelt. Sofortwirkungen für die Verbesserung der Situation der Frauen konnten bereits über die Förderung und Unterstützung von Projekten erzielt werden. In vier Jahren wurden 1 000 Frauengruppen mit rund 90 Millionen DM gefördert: das machte zwar nur etwa ein Prozent des städtischen Etats aus, für die Frauen war dies jedoch schon eine enorme Unterstützung. Gefördert wurden Frauenzentren, Ausbildungs- oder Gesundheitsprojekte, Beratungs- und Informationsinitiativen, Frauenhäuser und selbstorganisierte Kinderbetreuungseinrichtungen.

Der Frauenausschuß wurde mit dem Regierungswechsel abgeschafft. Zwar gibt es in 30 anderen Städten, Stadtbezirken und Landkreisen vergleichbare Ausschüsse, allerdings sind diese nur mit einem sehr geringen Etat ausgestattet. In London mußten schon einige Projekte aufgrund der eingestellten Finanzierung ihre Arbeit aufgeben, viele haben ihre Angebote reduziert und kämpfen um das Überleben.

Literatur:
Schües, Elinor: Großbritannien: Frauenförderung im Ausland - Bericht aus London, in: Planen für Hamburg, Arbeit für Frauen, Dokumentation der Tagung vom 11.11.1988, Hamburg 1989, S. 95-100.

Frauen initiieren Zentren

JAGONARI – FRAUEN-BILDUNGS- UND BERATUNGS- ZENTRUM (WOMENS EDUCATIONAL RESOURCE CENTRE) IN LONDON, GROSSBRITANNIEN

Jagonari, was soviel heißt wie "Frauen wachen auf", eine asiatische Frauengruppe von Bengalinnen, arbeitete im Londoner Stadtteil Tower Hamlet/White Chapel, der einen hohen asiatischen Bevölkerungsanteil hat. Sie wurden oft mit der Isolation asiatischer Frauen konfrontiert und sahen daher die Notwendigkeit eines Zentrums, in dem Frauen sich treffen konnten und Möglichkeiten zur Ausbildung geschaffen wurden. Angebote zur Beratung und Kinderbetreuung galten als selbstverständlich. Die geplanten Kurse reichten von asiatischem Tanz bis hin zu Computerlehrgängen.

1983 wandten sie sich wegen eines Entwurfs für ihr geplantes Bildungs- und Freizeitzentrum an Matrix (ein feministischer Design-Architektur-Zusammenschluß). Obwohl die Frauen von Jagonari sich nicht als Feministinnen bezeichnen, versprachen sie sich von Matrix eine kooperativere Zusammenarbeit und mehr Verständnis für ihre Ansprüche als von männlichen Architekten.

Sie hatten selbst sehr exakte Vorstellungen von dem Gebäude und entwickelten daraus Elemente, die beim Bau berücksichtigt werden sollten: So sollte eine Zweiteilung des Hauses in einen vorderen öffentlichen Teil und einen hinteren, mehr privaten vorgenommen werden. Dazwischen sollte ein Hof entstehen, in dem frau sich aufhalten, Sport treiben oder die Kinder spielen konnten. Außerdem waren folgende Einrichtungen in dem Gebäude vorgesehen: Kindergarten, Raum für Vorstellungen und Seminare, Unterrichtsräume, Bücherei, Werkraum, Büroraum, Wäscherei, Schwimmbad.

FRAUEN
PLANEN
BAUEN
WOHNEN

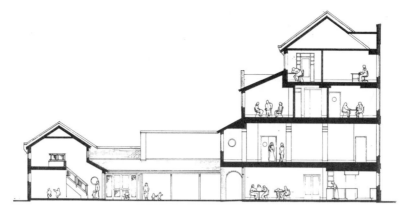

Matrix
Feminist Design Architectural Co-operatve (Feministischer Design-Architektur-Zusammenschluß) in London

Matrix existiert inzwischen seit zehn Jahren. Ihre Wurzeln hat sie in der kritischen Kommunal- und Frauenpolitikdebatte Anfang der 70er Jahre. Eine Frauengruppe veranstaltete 1979 eine Konferenz zum Thema "Frauen und Raum". Einige Architektinnen, die diese Konferenz mitorganisiert hatten, bildeten sich im handwerklichen Bereich weiter, z.B. als Maurerinnen oder Zimmerinnen. Zur gleichen Zeit organisierten Feministinnen zum ersten Mal Bildungsstätten für Frauen in der Baubranche. Aus diesen Zusammenhängen entwickelte sich eine Gruppe von Handwerkerinnen und Architektinnen, die gemeinsam arbeiten wollten.

Trotz vieler Diskussionen und Konflikte über unterschiedliche Standpunkte, über die unterschiedlichen sozialen Hintergründe von Architektinnen und Handwerkerinnen und Rollenverteilungen, bezogen auf einen gemeinsamen Arbeitsprozeß, entstand im Jahr 1981 aus dieser Gruppe Matrix. Matrix organisierte sich nach dem Vorbild englischer Arbeiterinnenkooperativen, in denen die Gleichbewertung aller Arbeiten über das Einheitslohnprinzip erfolgt. Selbstverständlich war ihnen auch, Projekte stets zu zweit zu bearbeiten, Bedürfnisse nach flexibler Arbeitszeiteinteilung wurden dabei berücksichtigt.

Zielgruppe ihrer Arbeit sind Frauengruppen oder Gruppen, die Frauen unterstützen. Neben der praktischen Tätigkeit setzen sich die Frauen auch immer wieder mit theoretischen Aspekten ihrer Arbeit und darüber hinaus mit anderen Diskussionssträngen des Feminismus - z.B. Rassismus und Lesben - auseinander.

Eine Konsequenz ihres politischen Anspruchs ist die enge Zusammenarbeit mit den Auftraggeberinnen, was ihrem Verständnis von feministischer Architektur entspricht, die eher ein Prozeß der Rücksprache ist als die Suche nach einem bestimmten Stil. Die Kooperation macht es notwendig, eine Sprache zu finden, die auch für Laien verständlich ist. "Architektinnen sind dazu erzogen, Sprache so zu nutzen, daß alle anderen ausgeschlossen werden, aber ihnen dadurch Macht verliehen wird. Wir Architektinnen müssen darauf achten, wie wir mit den Klientinnengruppen reden. Deshalb haben wir viel darüber gesprochen, wie der Bauablauf so beschrieben werden kann, daß alle miteinbezogen werden."
(Matrix,1989, S.41).

Jagonari und Matrix entwickelten gemeinsam einen detaillierten Plan zu einem viergeschossigen Hauptgebäude und einem zweigeschossigen Kinderhort auf der Rückseite des Innenhofs. Das Gebäude sollte eine asiatische Ausstrahlung haben, aber jegliche Symbolik der unterschiedlichen Religionen, denen die Frauen angehören, vermeiden.

"Jagonari waren wirklich gute Bauherrinnen, weil sie genau wußten, was sie wollten und was nicht, wenn wir ihnen die entsprechenden Informationen mit Modellen, Zeichnungen und Erklärungen gaben, durch die sie Folgen ihrer Entscheidungen erkennen konnten. Wir machten zwei Modelle als Hilfe für die Entwurfsdiskussion. Mit unserer Arbeit versuchen wir immer, sehr eng mit unseren Auftraggeberinnen zusammenzuarbeiten, aber wir meinten, daß es hier ganz besonders wichtig wäre, unsere Ideen der Gruppe nicht aufzudrängen, weil unglücklicherweise keine der an diesem Projekt beteiligten Matrix-Frauen Asiatin war."
(Matrix, 1988, S. 42)

Ihre eigenen Vorstellungen über die Anordnung der Räume mußten die Matrix-Frauen im Laufe des gemeinsamen Entwurfprozesses revidieren. Wichtig war den zukünftigen Nutzerinnen, beim Betreten des Gebäudes zunächst einen offenen Kontaktbereich zu haben: hier befinden sich nun eine Rezeption, ein Speiseraum und eine Lehrküche. Den ersten Stock bildet eine Halle, die sowohl Raum für größere Treffen und Tagungen bietet als auch für sportliche Aktivitäten. Im zweiten Stock befinden sich Räume un-

Frauen initiieren Zentren

Damit die Frauen, mit denen sie arbeiten, bessere Vorstellungen vom Planungsprozeß und der Umsetzung der Entwurfsideen bekommen, bietet Matrix Kurse im technischen Zeichnen an. Außerdem halten sie Vorträge und Tagesseminare in Schulen, beispielsweise zu Modellbau, oder auch Berufswahlseminare ab. Darüber hinaus veröffentlicht Matrix Materialien zum Thema "Bauen für Kinder", "Architektur als Karriere" etc.

Matrix finanziert inzwischen rund 40 Prozent ihrer Arbeit durch Aufträge kommunaler Behörden. Das Geld wird für Bildungsseminare und für Bauprojekte genutzt. "Viele Gruppen haben nicht das Geld, um ihren Auftrag an ein privates Architekturbüro geben zu können. Mit dem Geld, das wir von kommunalen Behörden bekommen, können wir für solche Gruppen umsonst arbeiten."
(Matrix, 1989, S. 50)

Die Gruppe würde es begrüßen, wenn es mehr Frauenorganisationen gäbe, ein größeres Netz, das ähnliche Prioritäten hat wie sie. "Unser Ziel ... ist, Frauen zu ermöglichen, mehr Kontrolle über Umwelt auszuüben und die Auswirkungen ihrer gebauten Umwelt auf sie wahrzunehmen." (Matrix, 1989, S. 52)

terschiedlicher Größe, die multifunktional nutzbar sind. Im oberen Stockwerk hat die Verwaltung Platz gefunden sowie eine Bibliothek, die eine große Bedeutung hat für die Frauen von Jagonari. Öffentliche Büchereien werden von asiatischen Frauen kaum betreten, da diese auch von Männern genutzt werden. Dadurch verschließt sich ihnen häufig die Möglichkeit,

an die gewünschte Literatur zu gelangen. Im hinteren zweigeschossigen Gebäude befindet sich heute die Kindertagesstätte, die bereits von ihrer Eröffnung an überbelegt war.

Die Fassade des Gebäudes, die zunächst unauffällig bleiben sollte, um die Anonymität des Frauenzentrums zu wahren und rassistische Übergriffe zu vermeiden, drückt nun durch die Fenstergestaltung den asiatischen Charakter des Gebäudes

aus. Die Gitter haben sowohl schützende als auch ästhetische Funktion. Das Gebäude paßt sich in die benachbarte Gebäudestruktur ein, die überwiegend von Gebäuden aus dem 18. Jahrhundert geprägt ist. Durch die gute Kooperation der Architektinnen und Nutzerinnen konnten – bis auf das Schwimmbad – alle Wünsche realisiert werden.

Literatur:
Matrix - Ein Beispiel feministischer Berufspraxis, in: Burmester, Hillevi u.a. (Hginen.): Feministische Ansätze in der Architekturlehre, Berlin 1989, S. 38-52.

Matrix - feministische Design-Kooperative, Selbstdarstellung 1987, in: S.T.E.R.N., Gesellschaft der behutsamen Stadterneuerung Berlin mbH (Hgin.): Versprünge - Beiträge zur Geschichte von Architektinnen, zum kreativen Prozeß und kultureller Identität, Berlin 1988, S. 40 f.

Literatur:
Jagonari - Womens Educational Resource Centre, in: S.T.E.R.N. Gesellschaft der behutsamen Stadterneuerung Berlin mbH (Hgin.): Versprünge - Beiträge zur Geschichte von Architektinnen, zum kreativen Prozeß und kultureller Identität, Berlin 1988, S. 42-46.

Matrix - Ein Beispiel feministischer Berufspraxis, in:
Burmester, Hillevi u.a. (Hginnen.): Feministische Ansätze in der Architekturlehre,
Berlin 1989, S. 38-52.

Fotos/Plan:
Martin Charles, Isleworth, Middlesex.
Matrix, London.
Format Photographers, London.

FRAUEN
PLANEN
BAUEN
WOHNEN

FRAUEN BIETEN QUALIFIZIERTE AUSBILDUNGS- UND ARBEITSPLÄTZE

Das im Arbeitszeitverordnungsgesetz von 1938 verfügte generelle Baustellenverbot für Frauen ist in den letzten Jahren durch die Offensive der Bundesregierung "Frauen in Männerberufen" und die entsprechenden (Bundes- und Länder-) Förderprogramme so geändert worden, daß inzwischen sehr viele Frauen vor allem im Baunebengewerbe ausgebildet wurden. Inzwischen gibt es Malerinnen, Tischlerinnen, Heizungsbauerinnen, Elektrikerinnen, Installateurinnen. Die Förderung beseitigte jedoch nicht die weiterhin ungebrochen bestehenden patriarchalen Strukturen und Barrieren innerhalb der Betriebe, wenn es gilt, die (meist durch überbetriebliche Ausbildung) qualifizierten Frauen anschließend auch zu beschäftigen. "Was kann eine Frau hier schon leisten, außer das Betriebsklima zu verbessern!" ist die weit verbreitete Meinung. Von daher hat sich die Situation der Arbeits- und Perspektivlosigkeit von vielen "Frauen in Männerberufen" auch im Zuge des momentanen neuen Baubooms nicht grundlegend geändert (vgl. Frauenstadthaus Bremen, 1991).

Nach erfolgreicher Ausbildung stehen viele Bauhandwerkerinnen auf der Straße und sind gezwungen, berufsfremde Arbeiten zu verrichten. Ohne die nötigen drei Praxisjahre als Gesellinnen können sie sich nicht zur Meisterin qualifizieren. Das aber ist Voraussetzung für die Selbständigkeit und Ausbildungserlaubnis. Je weniger Handwerkerinnen in ihrem Beruf arbeiten, desto geringer ist aber auch die gesellschaftliche Akzeptanz von "Frauen in Männerberufen". Diese Situation und das Fehlen von Vorbildern führt zur Desillusionierung der jungen Frauen, die dann eher dazu neigen, eine Ausbildung in den sogenannten "Frauenberufen" zu absolvieren; Berufe, die – im Gegensatz zum Handwerk – sehr schlecht bezahlt sind und eine autonome Lebensführung gar nicht erst zulassen oder aber zumindest sehr erschweren.

Aus diesem Dilemma haben Handwerkerinnen Auswege gesucht und gefunden. Zur wirkungsvollen Vertretung ihrer beruflichen Interessen organisieren sie sich bevorzugt in eigenen Vereinen wie Baufachfrau e.V. und initiieren Beschäftigungsprojekte wie das Frauenstadthaus Bremen oder das Handwerkerinnenhaus Köln.
Der Trend zur Schaffung eigener Arbeitsplätze geht aber weit über den Baubereich hin-

Architektinnenausbildung
und Beteiligung an Wettbewerben

Es fällt nicht schwer, die quantitativen Argumente aufzulisten, die belegen, daß Architektur und Planung noch immer ein vorwiegend männliches "Geschäft" ist. Nur 4 Prozent der bei den Kammern zugelassenen Architekten sind weiblichen Geschlechts, obwohl der Frauenanteil in den Ingenieurwissenschaften 1980/1981 in den Disziplinen Architektur 35 Prozent, Raumplanung 21 Prozent und Bauwesen 7,7 Prozent betrug und bundesweit kontinuierlich zunimmt (vgl. Reich, 1989).
In einem krassen Mißverhältnis zum Studentinnenanteil steht auch die Realität für Fachfrauen in Wettbewerbsverfahren. In Berlin bot sich für den Zeitraum der letzten zwei Jahre folgendes Bild: Der Anteil der Frauen war - wie erwartet - sehr gering. In 25 Preisgerichten zu Wettbewerben zu öffentlichen Bauten waren 13 Frauen. Das entspricht einem Anteil von 3,6 Prozent. Die Beteiligung von Frauen an städtebaulichen Wettbewerben als Fachpreisrichterinnen* lag immerhin bei 20,5 Prozent. Allerdings gab es unter den 60 Sachpreisrichtern** keine Frau. Der Anteil der Frauenbeteiligung, einschließlich der Arbeitsgemeinschaften, bei offenen Architekturwettbewerben betrug 5,4 Prozent und bei beschränkten Wettbewerben 6,6 Prozent (7 Frauen). Bei neun offenen Wettbewerben konnten sich 5 Prozent (14 Frauen) und bei den beschränkten Wettbewerben 7 Prozent (2 Frauen) plazieren. Diese Ergebnisse hat der Berliner Senat für Bau- und Wohnungswesen auf Anfrage der SPD ermittelt (vgl. Bauwelt Nr. 28, 27.7.1990).

* Im Beruf stehende, ausgebildete Architektinnen oder Planerinnen.

** VertreterInnen aus Politik und Verwaltung.

Literatur:
Bauwelt, Jg.81, Heft 28, Berlin 27.7.1990, S. 1407.

Reich, Doris: Frauenforschung in der Raumplanung. Soziologische Grundlagen der Raumplanung, Arbeitspapier Nr. 4, April 1989, S. 54.

Beschäftigungsverbot
für Frauen in den Bauhauptberufen

Nach wie vor gilt in der Bundesrepublik ein Beschäftigungsverbot für Frauen in den Bauhauptberufen. Im "Verzeichnis der anerkannten Ausbildungsberufe" (Ausgabe 1988) fallen darunter u.a. Maurer, Zimmerer, Dachdecker und Hochbaufacharbeiter (vgl. Baufachfrau-Berlin e.V., 1990). Um diese Berufe ausüben zu können, brauchen Frauen eine Ausnahmegenehmigung, die aufwendige gesundheitliche Untersuchungen und Gutachten beinhaltet. Und auch die Betriebe, die sie ausbilden oder beschäftigen wollen, müssen eine Genehmigung beim Landesamt für den Gewerbeaußendienst erwirken.

Die seit geraumer Zeit geplante Änderung dieses Gesetzes sieht keine ersatzlose Streichung des Beschäftigungsverbots für Frauen auf Baustellen vor (Bundestags-Drucksache 11/360). Der Kommentar zum Änderungsentwurf begründet dies mit der medizinisch erwiesenen körperlichen Überforderung und der Sorge um die Gebärfähigkeit. "Die dort zu verrichtenden Arbeiten können darüber hinaus zu gesundheitlich nachteiligen Lageveränderungen der weiblichen Beckenorgane führen" (Baufachfrau Berlin 1990, S. 32).

"Nicht nur das Gleichstellungsgebot und die anstehende europäische Integration erfordern eine Änderung der jetzigen Situation, sondern auch die Nachfrage der Frauen aus Ost und West, die entweder bereits über eine entsprechende Qualifikation verfügen oder eine solche zu erlangen wünschen." (Baufachfrau Berlin 1990, S. 136)

Literatur:
Baufachfrau Berlin e.V. (Hgin.): Frauen in Bau- und Ausbauberufen. Entwerfen - planen - bauen, Katalog zur Ausstellung im Rathaus Neukölln vom 1.- 26.10.1990, Berlin 1990.

Gesetzentwurf der Bundesregierung zur Novellierung des Arbeitszeitordnungsgesetzes vom 25.5.1987, Bundestagsdrucksache 11/360.

---

aus. Von Erwerbslosigkeit sind Frauen in allen Berufszweigen prozentual stärker betroffen. Jedoch nicht allein die mangelnden Berufschancen motivieren Frauen, Alternativen zu suchen. Das Bestreben, Arbeitsbedingungen nach eigenen Erfordernissen und Wünschen zu gestalten, Arbeitsinhalte nicht losgelöst vom persönlichen Politikverständnis zu sehen, und nicht zuletzt der Wunsch, mit Frauen zu arbeiten, haben dazu geführt, daß in allen Berufssparten eine Vielzahl von Projekten entstanden, in denen diese Vorgaben verwirklicht werden können.

Die meisten der hier vorgestellten Projekte haben ihren Ursprung in der Frauen- und Lesbenbewegung und sind deshalb politisch und ideell eng mit den im vorhergehenden Abschnitt skizzierten Frauen(kultur)zentren verbunden. Die Schwierigkeiten, z.B. bei der Anmietung von Räumen und der Finanzierung des laufenden Betriebs, sind ebenfalls identisch – sie scheinen für Frauen- und Lesbenprojekte obligatorisch zu sein. Trotzdem macht es Mut zu sehen, wie sich die von Frauen angeeigneten Bereiche erweitern und auch mehr Frauen offenstehen.

Frauen bieten Ausbildungs- und Arbeitsplätze

In diesem Abschnitt werden Projekte aus der Bundesrepublik vorgestellt, deren Spektrum von einer effektiven fachlichen und politischen Interessenorganisation von Frauen im Baubereich über den Aufbau von Beschäftigungs- und Ausbildungsmaßnahmen im handwerklichen, ökologischen und sozialen Bereich bis hin zur eigenen Existenz- und Genossenschaftsgründung geht. Die Beispiele aus den Niederlanden betreffen drei Frauenförderungsprojekte der Wohnungswirtschaft unter Beteiligung von gemeinnützigen Wohnungsbaugesellschaften (Woning Corporaties), die bessere Voraussetzungen für die Einflußnahme von Frauen im Planungs-, Bau- und Wohnungsbereich schaffen sollen, sowie eine anerkannte Wohn- und Arbeitsgemeinschaft, eine Besonderheit in den Niederlanden, und eine experimentelle Baustelle für Frauen als Weiterbildungsprojekt. Außerdem wird eine Ausbildungsstätte für Tagesmütter in einem Kinderbetreuungsprojekt aus Großbritannien skizziert.

Literatur:
Baufachfrau Berlin e.V. (Hgin.): Frauen in Bau- und Ausbauberufen. Entwerfen - planen - bauen, Katalog zur Ausstellung im Rathaus Neukölln vom 1.-26.10.90, Berlin 1990.

Eine Frau, die sich wehrt, ist eine Zicke, in: Der Spiegel, Nr. 8/1988, S. 188-198.

Frauen in Ingenieurberufen: Durchaus erfolgreich, in: UNI Berufswahl-Magazin, 11/87, S. 6-10.

Frauenstadthaus Bremen: Unveröffentlichte Selbstdarstellung, Bremen 1991.

Handwerkerinnenhaus Köln e.V.: Frauen gehen eigene Wege im Handwerk, Köln 1990.

FRAUEN PLANEN BAUEN WOHNEN

FRAUENSTADTHAUS – INTEGRATIVES WOHN- UND ARBEITSPROJEKT e.V. IN BREMEN

1987 wurde der Verein Frauenstadthaus gegründet, ein Projekt der Frauenbewegung, um ein integratives Arbeitsprojekt zu initiieren. Von Anfang an war es ein wichtiges Anliegen, nicht nur befristete Arbeitsbeschaffungsmaßnahmen finanziert zu bekommen, sondern Frauen eine berufliche Langzeitperspektive durch die Gründung von Frauenbetrieben zu ermöglichen.

Das Frauenstadthaus wurde im November 1989 Realität. Ein Altbremer Haus mit rückwärtigem Gewerbeteil konnte nach langem Kampf in einer Zwangsversteigerung gekauft werden, u.a. durch langfristige Darlehen von Frauen. Zur Finanzierung des Hauserwerbs wurde der Frauenstadthaus-Fonds (GbR) gegründet. (Es werden noch Frauen gesucht, die mit einem verzinsten Darlehen ab 5 000 DM diesen Fonds unterstützen.) Die Beratung übernimmt die Finanzkontor-GmbH, ein Anlageberatungsbüro von und für Frauen (vgl. Frauenstadthaus, 1990). Damit war eine langjährige Planungsphase abgeschlossen, in der Handwerkerinnen, Planerinnen und Finanzfachfrauen als vorbereitende Arbeitsgruppe ein Konzept entwickelt und Verhandlungen geführt hatten.

Im Frauenstadthaus sind zur Zeit Räume für eine Sanierungskooperative, ein Planungsbüro und diverse andere Dienstleistungsunternehmen vorgesehen, außerdem ist ein Zentrum für Sport und Bewegung in Vorbereitung.
Das Frauenbauprojekt innerhalb des Frauenstadthauses soll mit 25 Frauen innerhalb von drei Jahren Instandsetzungsarbeiten, Ausbau und Renovierung leisten. Mittlerweile sind die Vorderfassade fertiggestellt, die Tischlerei eingerichtet und voll in Betrieb, Fundament und Mauern sind trockengelegt, Fenster und Türen werden eingebaut, Elektroinstallation und Innenausbau haben begonnen. Das Bauprojekt steht unter der Trägerschaft der gemeinnützigen Bewohnerberatung e.V. Zur Zeit sind im Projekt die Gewerke Malerei, Schlosserei, Tischlerei und Elektrik mit etwa vier bis sechs Handwerkerinnen vertreten.

Eine Voraussetzung für die geplanten eigenen Betriebsgründungen nach Abschluß der Umbauphase ist die persönliche Qualifikation. Die drei Jahre Gesellinnenarbeit im Bauprojekt können als Voraussetzung zum Ablegen der Meisterinnenprüfung in den jeweiligen Gewerken anerkannt werden. Innerhalb der Maßnahme wird u.a. viel Wert auf das Kennenlernen der neuesten Entwicklungen im Bereich der Bauökologie und umweltfreundlicher Baustoffe gelegt. Laufende Fortbildungen befassen sich mit umweltschonenden Heizsystemen, natürlicher Wärmedämmung und Feuchtigkeitssanierung, Schallisolierung, Elektrobiologie, Bau einer Regenwassernutzungsanlage, Solarenergie. Des weiteren ist an eine Reihe von Fortbildungen im kauffrauischen Bereich gedacht, ergänzt durch EDV-Schulung, zur Betriebsführung für die spätere Existenzgründung.

Das Frauenstadthaus wird durch eine Mischfinanzierung getragen. Der Gesamtumfang besteht aus den Lohnkosten (Arbeitsbeschaffungsmaßnahmen und §19 Bundessozialhilfegesetz), den investiven Kosten zur Einrichtung von Werkstätten, den Honoraren für den Qualizierungsanteil (Europäischer Sozialfond) sowie dem Ausbildungsmaterial (Senator für Arbeit). Insgesamt beträgt die Höhe der durch die EG bereitgestellten Mittel 1,5 Millionen DM. In der gleichen Höhe wurden nationale Mittel nachgewiesen, wobei der Hauptteil dieser Mittel auf die Lohnkosten der Beschäftigten (ABM) entfällt. Ergänzend wurden während der Projektlaufzeit aus dem sogenannten "Bremer Topf" Mittel eingeworben, die sich vorrangig auf die Finanzierung des Bürobetriebs sowie auf bestimmte Weiterbildungsmaßnahmen beziehen.

Literatur:
Am Hulsberg werden jetzt viele Daumen gedrückt, in: Weserkurier vom 27.11.1989.

Bewohnerberatung: Frauen planen und bauen gemeinsam für Frauen (Konzept), unveröffentliches Manuskript, Bremen 1987.

Frauenstadthaus: Fonds für's Frauenstadthaus. Eine Geldanlage für Frauen, Bremen 1990.

Frauen planen und bauen gemeinsam für Frauen. Ein integratives Wohn- und Arbeitsprojekt für Frauen, in: Freiräume, Heft 3, Dortmund 1989, S. 47-50.

Nach langem Warten jetzt Zeit des Handelns, in: Weserkurier vom 8.12.1989.

Tontara, Gesa: "Frauen ersteigern Räume - Frauen verwirklichen Träume", in: Freiräume, Heft 4, Dortmund 1990, S. 46-49.

Foto: Jochen Stoss, Bremen.

Frauen bieten Ausbildungs- und Arbeitsplätze

HANDWERKERINNENHAUS IN KÖLN e.V.

Im September 1988 fanden sich auf Initiative der Gleichstellungsstelle Köln Frauen zusammen, die die Idee eines Handwerkerinnenhauses verfolgten. 1989 gründeten zwölf Frauen den Verein mit dem Ziel, ein Beschäftigungsprojekt für Gesellinnen zu entwickeln, Ausbildungsplätze zu schaffen, Gesellinnen zu Meisterinnen zu qualifizieren und Existenzgründungen zu forcieren. Seit Februar 1990 gibt es ein Büro, in dem zwei Handwerkerinnen und eine Pädagogin im Rahmen einer Arbeitsbeschaffungsmaßnahme in Zusammenarbeit mit weiteren Vereinsfrauen das Finanzierungsmodell und die Konzeption für dieses Projekt erarbeiten.

In das Konzept sind die Vereins-Zielsetzungen einbezogen; es sieht außerdem vor, daß sich im geplanten Haus die Gewerke ansiedeln, in denen besonders viele Handwerkerinnen arbeitslos sind: Tischlerinnen, Baukeramikerinnen, Steinmetzinnen, Malerinnen, Elektrikerinnen und Stukkateurinnen. 1990 bot der Verein Handwerkerinnenhaus eine Veranstaltungsreihe an mit Themen wie "Erfahrungen gewerblicher Projekte und Unternehmungen von Frauen aus der Sicht der Beraterin", "Frauen und Geld", "Produkt und Markt im Handwerk", "Meisterinnen in ihrem Betrieb" (vgl. Handwerkerinnenhaus Köln e.V., 1990). Seit April 1990 lädt der Verein zu einem monatlichen Handwerkerinnentreff ein und eröffnet Möglichkeiten zu überregionalem und regionalem Erfahrungsaustausch.

Im April 1991 wurde eine Werkstatt mit Büroräumen angemietet, die einen ersten Schritt auf dem Weg zu dem angestrebten frauenbestimmten Handwerkerinnenhaus darstellt. Der Betrieb wird ausschließlich durch Vereinsgelder sichergestellt. Die Werkstatt kann von Frauen, auf Wunsch unter Anleitung und Beratung von Vereins-Frauen und der hauptamtlichen Mitarbeiterinnen, für eigene handwerkliche Arbeiten genutzt werden. Es werden aber auch Kurse im gewerblich-technischen Bereich, z.B. Fahrrad- und Motorradreparatur, Pannenhilfe, Glasverarbeitung und Siebdruck durchgeführt. Für den Herbst 1991 sind Kurse in der Holz- und Metallverarbeitung, Elektroinstallation, Motorradreparatur für Mechanikerinnen und im Schweißen geplant. Angestrebt wird eine Zusammenarbeit mit Schulen und Arbeitsämtern. Eine Kooperation mit überbetrieblichen Ausbildungsstätten findet bereits statt, um mit den Auszubildenden die Probleme anzugehen, die Frauen im männerorientierten Handwerk erfahren.

Bis jetzt ist die Suche nach einem richtigen Gebäude für das Handwerkerinnenhaus erfolglos verlaufen. Gedacht ist an eine Größenordnung von 1.500 Quadratmeter Innen- und 500 Quadratmeter Außenfläche. Das Haus soll in einem Mischgebiet (Wohn- und Gewerbegegend) liegen, zum einen wegen der Anbindung an andere Frauenprojekte, zum anderen wird ein mitten im Stadtteil liegendes Handwerkerinnenhaus von der Öffentlichkeit intensiver wahrgenommen und die Thematik "Frauen in Männerberufen" ins öffentliche Bewußtsein gerückt. Ein weiterer Vorteil, das Handwerkerinnenhaus in einem Wohn- und Gewerbegebiet anzusiedeln, liegt auch in der stärkeren Frequentierung der Betriebe durch Laufkundschaft.

Literatur:
Handwerkerinnenhaus Köln e.V.: Einladung zum Handwerkerinnentreffen im Bürgerhaus Stollwerk am 31.10.1990.

Handwerkerinnenhaus Köln e.V.: Faltblatt, Köln o.J.

Handwerkerinnenhaus Köln e.V.: Frauen gehen eigene Wege im Handwerk, Köln 1990.

Handwerkerinnenhauses Köln e.V.: Rundschreiben, Juni 1991.

FRAUEN
PLANEN
BAUEN
WOHNEN

BAUFACHFRAU BERLIN e.V.

Baufachfrau Berlin e.V. wurde im Juni 1988 gegründet, um den schon seit Jahren vorhandenen Erfahrungsaustausch zwischen Handwerkerinnen aus verschiedenen Bau- und Ausbaugewerken und Architektinnen/Ingenieurinnen durch den Ausbau eines Kontakt- und Informationsnetzes zu intensivieren. Um die Chancengleichheit auf dem Ausbildungs- und Arbeitsmarkt zu verwirklichen, will der Verein die Qualifizierung und Fortbildung von Frauen in planenden und ausführenden Bauberufen fördern und vertiefen. Zu diesem Zweck werden z.B. verschiedene Weiterbildungskurse durchgeführt. Außerdem wird an der Entwicklung neuer Arbeits- und Berufsfelder in der Bauwirtschaft gearbeitet, die jeweils umwelt- und sozialverträgliche Aspekte beinhalten.

Im Rahmen des speziellen Programms für Arbeitsbeschaffungsmaßnahmen "Ökologischer Stadtumbau - Arbeit '90" wird seit März 1991 eine Beschäftigungsmaßnahme durchgeführt, an der zehn Tischlerinnen, acht Architektinnen, eine Sozialplanerin und eine Betriebswirtin teilnehmen. Ergänzend zu einer qualifizierten Berufspraxis sollen sie ihre Kenntnisse in konkreten Bau- und Ausbauprojekten erweitern, dies vor allem unter ökologischen, sozialen und ästhetischen Aspekten. Weitere Beschäftigungs- und Qualifizierungsmaßnahmen sind geplant. In Kooperation mit Bildungs- und Beratungsprojekten im ökotechnisch-handwerklichen Bereich wie "Lerninitiative Frauen entwickeln Ökotechnik" (LIFE) an der Technischen Universität Berlin soll ein überbetriebliches "Frauenbildungs- und Servicezentrum für Handwerk und Ökotechnik" aufgebaut werden. Neben der üblichen Infrastruktur ist hier die Einrichtung einer Kinderbetreuung als wesentliche Voraussetzung für Bildungsarbeit mit Frauen selbstverständlich.

Um das Anliegen des Vereins stärker in die Öffentlichkeit zu tragen, wurde 1990 die Ausstellung "Frauen in Bau- und Ausbauberufen" und ein dazugehöriger Katalog erstellt. Baufachfrau erhofft sich, daß mehr Schulabgängerinnen als bisher diese Berufe bei ihrer Berufswahl in Betracht ziehen. (Vgl. Baufachfrau Berlin e.V., 1990)

Beide Beispiele verdeutlichen die quantitative und qualitative Erweiterung der Arbeitsfelder des Vereins in jüngster Zeit. Eine Organisations- und Koordinationsstelle ist für die vielfältige Arbeit unentbehrlich geworden. Dafür konnte 1990 eine sogenannte 'institutionelle Förderung' durch den Bausenat erreicht werden. Diese Finanzierung wird jeweils nur für ein Jahr bewilligt; doch eine kontinuierliche Vereinsarbeit ist langfristig damit nicht gesichert.

Literatur:
Baufachfrau Berlin e.V. (Hgin.): Frauen in Bau- und Ausbauberfen. Entwerfen - planen - bauen, Katalog zur gleichnamigen Ausstellung im Rathaus Neukölln vom 1. - 26.10.1990, Berlin 1990.

Schweitzer, Eva: In harten Frauenhänden, in: taz-special vom 10.2.1990.

Frauen bieten Ausbildungs- und Arbeitsplätze

STICHTING VOORVROUW – EXPERIMENTELLE BAUSTELLE FÜR FRAUEN IN UTRECHT, NIEDERLANDE

Die Stichting Voorvrouw* wurde für den Umbau eines Garagengebäudes in ein Haus für eine Frauenwohngemeinschaft ins Leben gerufen. Ziel war, Arbeits- und Fortbildungsmöglichkeiten für erwachsene Frauen in Bauberufen zu schaffen und dadurch ihre Chancen auf dem Arbeitsmarkt zu vergrößern. Ein wichtiger Aspekt war auch, ein Bauvorhaben zu realisieren, mit dem sich alle Beteiligten – Architektin, ausführende Bauhandwerkerinnen und Nutzerinnen – identifizieren können.

Zielgruppe des Vereins sind erwachsene Frauen (für Jugendliche existieren bereits eine Reihe von Ausbildungsprojekten), weil deren Chancen auf dem Arbeitsmarkt, bedingt durch ihr Alter und ihre geringe Berufserfahrung, sehr eingeschränkt sind. Der durchschnittliche Brutolohn für 17jährige Auszubildende beträgt ca. 785 Gulden (= 710 DM), für 23jährige dagegen etwa 1985 Gulden (= 1785 DM). Sie sind damit für Unternehmen unrentabel.

Das experimentelle Bauprojekt war auf die Dauer von neun Monaten angelegt und bot acht Frauen Fortbildungsmöglichkeiten. Die Konzeption sah vor, daß die Frauen wöchentlich vier Tage auf der Baustelle arbeiteten und einen Tag die Berufsschule besuchten. In Zusammenarbeit mit dem Lehrer für den berufsbegleitenden Unterricht wurde ein Emanzipationsprojekt innerhalb der primären Bauausbildung für erwachsene Frauen konzipiert. Hierbei konnte von einer Regelung des Ministeriums für Ausbildung, dem Emanzipations-Runderlaß, ("Emancipatiecirculaire") Gebrauch gemacht werden, das für Frauen besondere Bedingungen auf der Berufsschule vorsieht. Wichtig ist z.B., daß sie nicht auf verschiedene Klassen verteilt werden.

Eine Koordinatorin, deren Arbeitgeberin die Stichting Voorvrouw ist, wurde eingestellt. Außerdem war eine Architektin beteiligt. Da weder eine Bauleiterin noch eine Meisterin gefunden wurden, mußten diese Aufgaben Männern übertragen werden.

Wegen des schlechten Bauzustands der Garage fielen unterschiedlichste Arbeiten in allen Gewerken an. Dies eröffnete den Bauhandwerkerinnen ein entsprechend breites Spektrum, Erfahrungen zu sammeln. Einen wesentlichen Bestandteil des Projekts bildeten die frühzeitigen und regelmäßigen Werkbesprechungen, an denen sowohl Architektin und die Unternehmer als auch die Baufrauen und die Nutzerinnen teilnahmen. Hierdurch wurde die traditionelle Hierarchie am Bau aufgebrochen und die Handwerkerinnen erhielten einen stärkeren Bezug zu ihrer Arbeit. Leider wurde die Wohngruppe der Frauen, die das Gebäude nach Abschluß der Bauarbeiten 1987 bezogen hat, relativ spät gegründet. So blieb nur wenig Zeit, die persönlichen Wünsche der späteren Nutzerinnen beim Umbau zu berücksichtigen. Neben dem Arbeitsamt, das die Arbeitsplätze förderte, waren verschiedene staatliche Stellen an der Finanzierung des Projekts beteiligt.

* "Stichting" (Stiftung) ist vergleichbar mit unserem Verein. "Voorvrouw" bezeichnet eine Werkführerin im Baubetrieb und ist vergleichbar mit einer Vorarbeiterin.

Literatur:
Bolten, Sabine: Experimentele Leerlingsbouwplaats voor Vrouwen moet aantonen: Vrouwen kunnen best vel bouwen, in: Stuurgroep Experimenten Volkshuisvesting: Het experiment, Nr. 7, 1986.

FRAUEN PLANEN BAUEN WOHNEN

VAKVROUW WONINGANDER-HOUD (FACHFRAU FÜR WOHNUNGS-INSTANDHALTUNG) AUSBILDUNGS- UND BESCHÄFTIGUNGS-PROGRAMM IN HOLLÄNDISCHEN WOHNUNGS-UNTERNEHMEN

Das Ausbildungs- und Beschäftigungsprojekt für zwölf Frauen im Alter von 18 bis 40 Jahren wurde in Drenthe vom Rat für Jugendangelegenheiten (Raad voor Jeugd Aangelegenheden, RAJA), einer Projektentwicklungsorganisation zur Schaffung von Arbeitsplätzen, entwickelt. Ausgangspunkte für das Experiment waren der Mangel an geschulten Fachkräften in der Wohnungsinstandhaltung auf der einen und die geringe Anzahl von Frauen in technischen (Bau-) Berufen auf der anderen Seite.

Um diesem Manko abzuhelfen, gründeten zwei Wohnungsbaugesellschaften und zwei Baubetriebe den Verein Fachfrau Wohnungsinstandhaltung. Die Frauen begannen ihre Ausbildung Mitte 1988 mit der Aussicht auf feste Anstellungen in einem der beteiligten Unternehmen.

In dem integrierten Arbeits- und Ausbildungskonzept zum Beruf Instandhaltungsfachfrau sind technische und soziale Fähigkeiten gefordert. Die zweieinhalbjährige Ausbildung wird mit einem Examen abgeschlossen. Die notwendigen Praktika werden abwechselnd bei den Wohnungsunternehmen, den Baufirmen und dem Zentrum Fachausbildung für Erwachsene (Centrum voor Vakopleiding Volwassenen, CW) erworben. Eine Koordinatorin, die zweieinhalb Jahre lang für zwölf Wochenstunden eingestellt ist, hält die Kontakte mit allen betroffenen Instanzen aufrecht, begleitet die Teilnehmerinnen und soll darüber hinaus an der Auswertung des Experiments beteiligt sein.

Die Ausbildung gliedert sich in drei Teile: Eine dreimonatige Einführungsphase, die die auszubildenden Frauen gemeinsam im CW in Emmen absolvieren, dient der Vorbereitung auf die zukünftige Arbeitsumgebung und macht sie mit den Werkstätten vertraut. Daran schließt sich die "Grundausbildung Zimmern" bei dem Verein Fachausbildung Baubetrieb (Stichting Vakopleiding Bouwbedrijf, SVB) an. Der Lehrstoff des dritten Ausbildungsteils bei dem Verein Fachausbildung Wohnungsbau (Stichting Vakopleiding Volkshuisvesting) umfaßt praxisorientiertes Wissen in den Bereichen Sanitär, Elektrik, Fliesenlegen, Maurer-, Stuck-, Maler- und Glaserarbeiten und vermittelt Kenntnisse über Wohnungsverwaltung und den Umgang mit BewohnerInnen. Die Ausbildung ist inhaltlich an die Anforderungen angepaßt, die durch gegenwärtige und künftige Entwicklungen im Bausektor gestellt werden. Dabei trägt sie der wachsenden Bedeutung der Altbausanierung und -renovierung Rechnung.

Die Finanzierung des Projekts wird vom Sozial- und Arbeitsministerium, von der Provinz Drenthe, den Kommunen Assen und Emmen und verschiedenen Institutionen übernommen.

Gerade in der Wohnungsinstandhaltung werden neben technischen Fähigkeiten und Kenntnissen soziale Anforderungen gestellt, was z.B. den Umgang mit den BewohnerInnen betrifft, die während der Instandhaltungs- oder Umbauarbeiten weiter in der Wohnung leben. Ein Vorteil des Projektkonzepts ist auch darin zu sehen, daß die Frauen in ihrer Ausbildung nicht isoliert in Männerbetrieben arbeiten müssen, sondern sich mit den Kolleginnen des Kurses austauschen können. Hierdurch werden mehr Frauen ermutigt, sich in die Männerdomäne Bauwirtschaft vorzutrauen. Nicht zuletzt deshalb, weil mit der Ausbildung die Aussicht auf eine gut bezahlte Stelle und einen interessanten Arbeitsplatz verknüpft ist.

Die Erfahrungen der zwölf Auszubildenden und der beteiligten Unternehmen und Körperschaften sollen ausgewertet werden. Zudem ist eine Untersuchung geplant, die Aufschluß darüber geben soll, ob und welche Vorbildfunktion das Projekt für Frauen, Baubetriebe und Wohnungsbaugenossenschaften in der Region hat.

Literatur:
Aanvraag SEV-subsidie voor het projekt "Vakvrouw wooningonderhoud", in: SEV: Experimentenbeschrijving, Beilage 1, 13.4.1988.

SEV: Experimentenbeschrijving "Vakvrouw woningonderhoud" RAJA-Drenthe, Borger 1988.

Foto:
Stuurgroep Experimenten Volkshuisvesting (SEV), Rotterdam.

Frauen bieten Ausbildungs- und Arbeitsplätze

Damit Frauenbelange in den Wohnungsbau eingebracht und verwirklicht werden können, ist nicht nur der Einfluß von außen, sondern im selben Maße auch der Einfluß von innen, d.h. in beschlußfassenden Gremien der Wohnungsbaugesellschaften, wichtig. In den Vorständen der Wohnungsbaugesellschaften sind Frauen aber nur zu ungefähr zehn Prozent vertreten.

Um den Anteil von Frauen in verantwortlichen Positionen zu erhöhen, wurde in den Niederlanden von verschiedenenen Wohnungsbaugesellschaften in Zusammenarbeit mit dem Verein Frauen Bauen Wohnen (Stichting Vrouwen Bouwen & Wonen, SVBW) das Experiment "Frauen in Wohnungsbaugesellschaften" (Vrouwen in Woningscorporatiebesturen) durchgeführt, das von der Kommission für Experimente im Volkswohnungswesen* (Stuurgroep Experimenten Volkshuisvesting, SEV) finanziert wurde. Es verlief in zwei Phasen: In der ersten Phase, Frühjahr 1986, wurde in einer Voruntersuchung aufgezeigt, welche Hindernisse es für Frauen gibt, in die Vorstände zu gelangen und ihre Anliegen dort einzubringen.

Aufgrund dieser Untersuchung hat die Projektgruppe ein Instrumentarium entwickelt, mit dem eine bessere und gezieltere Anwerbung von Frauen erreicht wird. Dieses Vorgehen wurde in der zweiten Phase des Experiments (August 1986 bis Ende 1987) von drei Wohnungsbaugesellschaften erprobt.

Das Instrumentarium umfaßt folgende Schritte:
– Entwicklung eines Konzepts, das sowohl die Arbeit der Wohnungsbaugesellschaft als auch die Interessen der Frauen berücksichtigt.
– Entwurf eines betrieblichen Förderplans und seine Einbindung in die Verwaltungsorganisation.
– Erstellung eines Einarbeitungsplans, der auch aufzeigt, wie der Einstieg für neue Mitarbeiterinnen durch die Weitergabe von Informationen und Unterstützung anderer Art zu erleichtern ist.
– Kurse für die gesamte Verwaltung, in denen der Umgang miteinander eingeübt wird und Kenntnisse über das Wohnungswesen und die Organisation von Genossenschaften, Vereinen oder Gesellschaften vermittelt werden, um die Akzeptanz des Förderplans zu erhöhen.
– Erfassung der behindernden Faktoren in der Organisation und im Verwaltungsablauf.

Die drei Wohnungsgesellschaften beteiligten sich an dem Experiment nicht nur, um eine paritätische Besetzung der Verwaltungsfunktionen zu erreichen, sondern auch, um mehr Frauen in die Ausschüsse, die Hauptversammlungen und die Bewohner- oder Mitgliedsräte zu bringen. Mittlerweile sind viele Frauen in den Vorständen tätig. Die Nachfrage nach Schulung und Kursen von seiten der Frauen ist sehr groß.

* Entspricht ungefähr unserem sozialen Wohnungsbau.

VROUWEN IN WONINGS-CORPORATIE-BESTUREN (FRAUEN IN DIE VORSTÄNDE DER WOHNUNGSBAU-GESELLSCHAFTEN) IN ROTTERDAM, NIEDERLANDE

Literatur:
SEV-experiment "Vrouwen in Corporatiebesturen", in: woningraad, Nr. 2/1987, Amsterdam, S. 19-21.

SEV: Project: Vrouwen in Woningscorporatiebesturen, Almere, De Bilt, Rotterdam, 14.11.1985.

SEV: Vrouwen in Corporatiebesturen, Experimentenbeschreibung, Rotterdam, o.J.

Foto:
Stuurgroep Experimenten Volkshuisvesting (SEV), Rotterdam.

FRAUEN PLANEN BAUEN WOHNEN

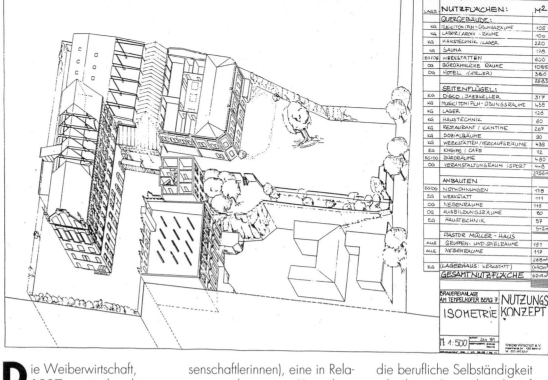

Nutzungskonzept für die ehemalige Brauereianlage. Ein Mietvertrag kam jedoch nach Maueröffnung nicht mehr zustande

WEIBERWIRTSCHAFT e.V., GENOSSENSCHAFT IN GRÜNDUNG (1989) IN BERLIN

Die Weiberwirtschaft, 1987 gegründet, dient dem Aufbau einer Genossenschaft zum Erwerb und Betrieb eines Gewerbehofs für Frauenbetriebe in Berlin. Sie ist die erste Frauengenossenschaft (in Gründung) in Deutschland seit der Weimarer Republik.

Die Rechtsform der Genossenschaft wurde gewählt, um ein größtmögliches Maß an demokratischer Mitbestimmung, Selbstverwaltung und Kooperation zu verwirklichen sowie das persönliche Risiko bei Existenzgründungen so gering wie möglich zu halten. Dafür wird das vom Genossenschaftsrecht vorgeschriebene langwierige und komplizierte Gründungsverfahren in Kauf genommen. Ziel des Vereins ist es, innerhalb der nächsten drei Jahre Eigenkapital in Höhe von mindestens 1 Million DM zusammenzutragen, um ein Gebäude mit ca. 5 000 bis 6 000 Quadratmeter Nutzfläche kaufen zu können.

Während der Aufbauphase der Genossenschaft können bereits Treuhandanteile auf ein Treuhandkonto bei der Ökobank eingezahlt werden. Die Einlagenhöhe beläuft sich zur Zeit auf 60 000 DM (100 Genossenschaftlerinnen), eine in Relation zum benötigten Kapital geringfügige Summe. Es wird erwogen, die Anteile zu verzinsen und damit die Motivation der potentiellen Einzahlerinnen zu erhöhen. Langfristig sollen Überschüsse aus den Einnahmen der Genossenschaft i.Gr. sozialen und kulturellen Initiativen von Frauen zugute kommen und so einen Geldkreislauf von gewerblicher Frauenarbeit hin zu kultureller Arbeit schaffen. Es ist die Absicht der Gründerinnen, mittel- und langfristig gesicherte Standorte für selbständige Frauenbetriebe aus den Bereichen Handel, Dienstleistung, verarbeitendes Gewerbe, für Beratungs- und Weiterbildungsangebote sowie für Sozial-, Kultur- und Gesundheitsprojekte bereitzustellen.

Bislang haben eine Tischlerei, eine Sauna, ein Versicherungsbüro, ein Unternehmen mit Weiterbildungsangeboten im EDV-Bereich, eine Gruppe von Medienfrauen, ein Stoffhandel, ein Waschsalon und ein Architekturbüro Interesse an einem gemeinsamen Standort gezeigt. Gemeinsame Kinderbetreuung, eine mit Restaurant kombinierte Kantine und ein hauseigenes Steuer- und Buchhaltungsbüro sollen den Frauen den Schritt in die berufliche Selbständigkeit erleichtern. Die technische Infrastruktur wird u.a. durch Fernkopierer und Telefonanlage zur gemeinsamen Nutzung ergänzt. Langfristig können etwa 350 sozialverträgliche Arbeitsplätze entstehen.

Einen seit 1982 verlassenen Gebäudekomplex einer ehemaligen Brauerei in Berlin-Kreuzberg, der unter Denkmalschutz steht, hatten die Frauen für die Realisierung ihrer Idee als besonders geeignet angesehen und dafür bereits ein Nutzungskonzept entwickelt. Nach der Öffnung der Mauer 1990 war der Grundstückseigentümer jedoch nicht mehr an einem Vertragsabsabschluß mit dem Verein interessiert. In dieser neuen Situation gestaltet sich die Standortfrage noch schwieriger. Mit Unterstützung der ehemaligen Frauensenatorin und verschiedener Bezirksämter verhandelt die "Weiberwirtschaft" nun mit mehreren privaten und öffentlichen Eigentümern über den Kauf eines anderen Gebäudes.

Literatur:
Gründerinnen wollen Weiberwirtschaft, in: Selbsthilfe Ansichten und Aussichten, S.T.E.R.N. GmbH, Berlin 1990, S. 103-106.

Hass, Claudia: "Weiberwirtschaft" probt den feministischen Geldkreislauf, in: die tageszeitung vom 25.5.1990.

Weiberwirtschaft Genossenschaft i.Gr.: Konzeption für ein Gründerinnenzentrum, Berlin 1987.

Weiberwirtschaft Genossenschaft i.Gr.: Faltblatt, Berlin o.J.

Plan:
Weiberwirtschaft, Berlin.

Frauen bieten Ausbildungs- und Arbeitsplätze

PÄDAGOGISCHES PROJEKT FÜR WOHNUNGS- UND ARBEITSLOSE FRAUEN DER ARBEITERINNEN-SELBSTHILFE (ASH) e.V. IN STUTTGART

Unter dem Motto "Gemeinsam arbeiten, lernen und wohnen" wird arbeits- und obdachlosen Frauen in Stuttgart Hilfe zur Selbsthilfe gegeben. Das Projekt bietet ca. 15 Frauen Beschäftigungs- und Wohnmöglichkeiten. Träger ist der 1977 von StudentInnen der Sozialarbeit/Sozialpädagogik und ehemaligen obdachlosen Frauen und Männern gegründete Verein "ArbeiterInnenselbsthilfe" (ASH).

Nach vier Jahren zäher Verhandlungen konnte 1980/81 in einem ehemaligen Büromaschinenfabrikationsgebäude in der Heinrich-Baumann-Straße eine Notübernachtungsstelle für obdachlose Frauen eröffnet werden, das erste eigene Haus dieser Art für Frauen in der Bundesrepublik. Durchschnittlich 30 Frauen lebten ständig hier, obgleich die behördliche Statistik nicht einmal die Existenz von zehn obdachlosen Frauen auswies. Verpflegungs- und Übernachtungskosten wurden vom Sozialamt übernommen, für die Betreuung gab es jedoch keine finanzielle Unterstützung. Nachdem sich kein anderer Träger zur Übernahme der Notübernachtungsstelle gefunden hatte, ist dieses Angebot 1982 zugunsten eines Wohnselbsthilfeprojekts, einer Wohngruppe für chronisch psychisch kranke Frauen, aufgegeben worden (vgl. Blank, 1989). Bis 1987 wurde die Betreuung der Frauen in der Wohngruppe ehrenamtlich geleistet, danach förderte der Landeswohlfahrtsverband das Projekt mit einer halben Stelle für eine Sozialarbeiterin. Heute wohnen in dem Haus zwölf Frauen.

Bereits 1981 begann auch die Entwicklungsarbeit an einem Beschäftigungsprojekt für die überwiegend jungen Frauen (Durchschnittsalter 20 Jahre) in der Wohngruppe. Für sie wurden Arbeitsplätze geschaffen in den Bereichen Haushaltsauflösungen, Entrümpelungen, Transporte, Gebrauchtwarenhandel (Möbel, Trödel, Bücher, Hausrat), Restaurationswerkstatt, Hausratsrecycling, Bastel- und HeimwerkerInnenbedarf (aus Recyclingmaterial), Recyclingdesign, Fahrradwerkstatt, Küche und Verwaltung.

In der Anfangsphase erhalten die Frauen eine ergo- und arbeitstherapeutische Förderung. Wesentlicher Stützpfeiler und Bestandteil sind die vierteljährigen Basisqualifikationskurse im handwerklichen und verwaltungstechnischen Bereich, denen sich bei Interesse ein- bis fünfjährige Aufbaukurse anschließen können, aber auch Kurse und Seminare, die "eine ganzheitliche Förderung von Kopf, Hand, Körper, Sprache, Phantasie" (ASH, o.J.) beinhalten und zur Bewußtseins- und Persönlichkeitsbildung beitragen sollen.

Für die beschäftigten Frauen gibt es Wohnmöglichkeiten in dem Haus, in dem auch die fünf Wohnplätze der Wohngruppe für chronisch psychisch kranke Frauen integriert sind. Nicht nur die Betreuung der Frauen, auch den Aufbau des Beschäftigungsprojekts leistete die ASH bis Ende 1987 fast ausschließlich ehrenamtlich. In den Jahren 1985, 1986 und 1987 honorierte die Stadt Stuttgart diese Arbeit mit dem städtischen Umweltschutzpreis.

Seit Januar 1987 werden 15 Arbeitsplätze nach §19 des Bundessozialhilfegesetzes gefördert, einschließlich der Personalkosten für je eine Sozialarbeiterin, Schreinerin/Pädagogin und Verwaltungskraft. Die Begleitung des Wohnbereichs und der sozialtherapeuthische Bereich, Fortbildung und Qualifizierung sind in dieser Förderung jedoch nur zu einem Teil enthalten. Die Finanzierung erfolgt außerdem durch Gewerbeeinnahmen und Spenden.

Literatur:

ASH: Info Hilfe zur Selbsthilfe. Pädagogische Projekte für wohnungs- und arbeitslose Frauen, o.J.

Blank, Beate: Chronolgische Entwicklung des pädagogischen Projektes wohnungs- und arbeitslose Frauen der Arbeiterinnen- und Arbeiterselbsthilfe e.V., in: dies.: Die Meerjungfrau lernt fliegen: Interviews mit wohnungs- und obdachlosen Frauen, München 1990, S. 214 f.

Blank, Beate: Existenzsicherung durch Arbeitsprojekte im Rahmen des zweiten Arbeitsmarktes - Realisierung eines alten Traumes der Sozialarbeit?, Referat auf der Kooperationstagung des "Burckhardhauses", des Evangelischen Instituts für Jugend- und Sozialarbeit sowie der Landesarbeitsgemeinschaft Soziale Brennpunkte Hessen in Gelnhausen vom 6. - 8. November 1987, Sonderdruck 1989.

FRAUEN PLANEN BAUEN WOHNEN

QUER – QUALIFIZIERUNG UND ERWERBSARBEIT FÜR FRAUEN IN SAARBRÜCKEN*

QuEr – entstanden aus der Arbeit der Landesarbeitsgemeinschaft (LAG) Soziale Brennpunkte Saar e.V., die auch Trägerin des Modells ist – ist ein Qualifizierungs- und Beschäftigungsprojekt, das Dienstleistungen für den Umweltschutz im und ums Haus anbietet. Unter dem Motto "Frauen und Umwelt - zwei Geplagte tun sich zusammen" wird eine Alternative zu unbezahlter Hausarbeit aufgezeigt.

Angesprochen sind sozial benachteiligte Frauen, insbesondere Sozialhilfeempfängerinnen und Frauen ohne Berufsausbildung, erwerbslose Frauen und solche, die Unterstützung brauchen bei ihrer Berufs- und Lebensplanung. Sie erhalten einen 12- bis 18monatigen Arbeitsvertrag nach dem Bundessozialhilfegesetz. QuEr bietet ihnen kinderfreundliche Arbeitszeiten und Kinderbetreuung während der Schulferien sowie psychologische Betreuung.

Das erste zweijährige Qualifizierungsprogramm begann im Oktober 1988. Zwölf Teilnehmerinnen wurden zur Umweltberaterin für Haushalte ausgebildet. Sie organisierten eine Sammelstelle für Metalle, Aluminium, Kleider, Styropor, Batterien und Leuchtstoffröhren. Dieses Angebot wurde um einen Abfallabholdienst für behinderte und alte Menschen ergänzt. Themen waren nicht nur die Verwendung umweltfreundlicher Putz- und Waschmittel und umweltbewußtes Einkaufen, sondern auch Hinterhofbegrünung und Grundlagen des biologischen Gartenbaus sowie gesunde Ernährung. Die Frauen wurden in Büroorganisation und Grundlagen der EDV als auch für die Durchführung von Einzel- und Gruppenberatungen geschult. Die zweite Maßnahme startete im März 1991.

QuEr entwickelt wohnungsnahe Arbeitsplätze, die eine wichtige Ergänzung und tatkräftige Unterstützung für kommunale Programme zur Wohnumfeldverbesserung und ökologischen Stadterneuerung darstellen. Das Modell wird je zur Hälfte aus Mitteln des Europäischen Sozialfonds und aus Landesmitteln gefördert.

*vormals Ameise in Altenkessel/ Rockershausen

Literatur:
"Ameise" bietet Ausbildung zur Umweltberaterin, in: Zweiwochendienst, Frauen und Politik, 4. Jg., Nr. 39/1990, S. 10.

Umweltschutzdienststelle: Umweltmodell Ameise. Dienstleistungen für den Umweltschutz im und ums Haus, Info o.J.

Foto:
QuEr, Saarbrücken.

Frauen bieten Ausbildungs- und Arbeitsplätze

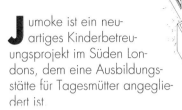

JUMOKE – NURSERY AND TRAINING CENTRE (KINDERTAGES-STÄTTE UND AUSBILDUNGS-ZENTRUM) IN LONDON, GROSSBRITANNIEN

Jumoke ist ein neuartiges Kinderbetreuungsprojekt im Süden Londons, dem eine Ausbildungsstätte für Tagesmütter angegliedert ist.

Die Initiative für dieses Projekt entstand im Rahmen eines Ausbildungslehrgangs für Tischlerinnen, von denen einige keine Pflegestellen für ihre Kinder finden konnten. Die einzige Chance sahen sie darin, selbst ein Gebäude für einen Kindergarten zu suchen. Sie gründeten gemeinsam mit anderen lokalen Ausbildungsorganisationen für Frauen ein Komitee für die Einrichtung einer Tagesstätte, in der auch Kinderpflegekurse für Tagesmütter, die oft keine ausreichende Ausbildung haben, angeboten werden sollten (vgl. Matrix, 1989).

Der Stadtrat von Southwork beschloß die Finanzierung der weiteren Projektentwicklung, und der Greater London Council (Kommunalverwaltung) finanzierte eine Untersuchung über bestehende Kindertagesstätten. 1984 wurde Matrix von dem Kinderprojektausschuß beauftragt, die beteiligten Frauen bei der Formulierung ihrer Bedürfnisse an ein solches Projekt zu unterstützen, eine Durchführbarkeitsstudie zu erstellen und die Planung zu übernehmen. Der Southworker Stadtrat bot zwei Gebäude für eine Umnutzung an. Die Frauen entschieden sich zugunsten eines ehemaligen Fabrikgebäudes, das mit einem Anbau den notwendigen Raumbedarf abdecken konnte. 1985 erhielt das Projekt die Bewilligung für eine Finanzierung durch die öffentliche Hand. Die Bauphase begann im Frühjahr 1987. Im April 1988 konnte die Tagesstätte eröffnet werden.

Die Frauen des Ausschusses wollten ein Gebäude, in dem ihre progressiven Vorstellungen von Kindererziehung verwirklicht werden konnten. Darüber hinaus sollte das Gebäude behindertengerecht sein. Da sie eine große Anzahl von schwarzen Kindern aus dem Bezirk erwarteten, war es ihnen wichtig, einen antirassistischen, nicht-hierarchischen, nicht-sexistischen Rahmen für die Kinder zu schaffen.

Der Entwurfsprozeß für das Gebäude dauerte eineinhalb Jahre: monatlich fanden Treffen zwischen Matrix und den Frauen des Projekts statt. Ziel von Matrix war es, die Gruppe zu befähigen, Entscheidungen für die Planung entsprechend ihren Anforderungen treffen zu können.

In der frühen Phase des Entwurfprozesses stellten die Matrix-Frauen variable Arbeitsmodelle her und fertigten zur besseren Übersichtlichkeit dreidimensionale Entwürfe an, die die verschiedenen Realisierungsmöglichkeiten für das Projekt aufzeigten. Allgemeine Diskussionen über Planungsprozesse fanden statt, und es wurden Einführungen zum Lesen technischer Pläne gegeben. Später dienten die regelmäßigen Treffen der Entwicklung detaillierter Vorstellungen über die äußere Gestaltung des Hauses, die sanitären Einrichtungen, die farblichen Abstimmungen usw.

51

FRAUEN PLANEN BAUEN WOHNEN

Der Kindergarten befindet sich nun im Erdgeschoß. Die Kinderkrippe wurde im ersten Stockwerk eingerichtet und verfügt über einen Balkon als Außenbereich. Räume für die Weiterbildung von Tagesmüttern sind ebenfalls im ersten Obergeschoß eingerichtet worden. Ein separater Spielraum für deren Kinder steht zur Verfügung. Für Körperbehinderte wurden ein Aufzug eingebaut sowie ein behindertengerechtes WC installiert. Sämtliche elektrische Schalter sind auf niedriger Höhe angebracht. Alle Küchen wurden mit höhenverstellbaren Arbeitsplätzen ausgestattet.

Ein wesentlicher Aspekt, der bei der Planung des Gebäudes Berücksichtigung fand, war der Faktor Sicherheit. Da das Jumoke-Nursery-Haus relativ einsam gelegen ist, waren besondere Sicherheitsvorkehrungen zum Schutz vor Einbruch und Vandalismus notwendig. Dazu gehören z.B. eine Nachtsicherung der Fenster im Erdgeschoß durch elektrisch betriebene Rolläden.

Einige Ideen konnten nicht realisiert werden: Die Nutzung der Sonnenenergie scheiterte an der Ausrichtung des Gebäudes. Und es war auch nicht möglich, eine weibliche Bauleitung und die notwendigen Handwerkerinnen zu finden, um die Bauarbeiten ganz von Frauen durchführen zu lassen.

Literatur:
Building Design - The weekly newspaper for the design team, Nr. 940, London, 9.6.1989.

Matrix - Ein Beispiel feministischer Berufspraxis, in: Burmester, Hillevi u.a. (Hginnen.): Feministische Ansätze in der Architekturlehre, Berlin 1989, S. 40-52.

Matrix - Jumoke Nursery and Training Centre (Faltblatt).

Child Care Challenge, in: The Architects Journall, 18.10.1989.

Fotos/Plan:
Martin Charles, Isleworth, Middlesex.
Matrix, London.

Anfang 1984 schloß sich eine Gruppe von türkischen und deutschen Frauen zu dem Verein "Akarsu*– Gesundheit, Bewegung und Berufsvorbereitung für immigrierte Frauen e.V." zusammen: "Wir, eine Gruppe von türkischen und deutschen Frauen, waren derzeit als Sozialarbeiterinnen und Mieterberaterinnen in Kreuzberg tätig und daher täglich mit dem schlechten Gesundheitszustand und den Beschwerden der Bewohnerinnen, insbesondere der Immigrantinnen, konfrontiert. Auf den Mangel an Selbsthilfemöglichkeiten für immigrierte Frauen reagierten wir mit der Planung von Gruppen und Beratungsarbeit im gesundheitlichen und psychosomatischen Bereich." (Akarsu, 1990) Der Versuch, eine öffentliche Finanzierung und Unterstützung für die geplante Arbeit zu bekommen, scheiterte zunächst. Trotz dieser schlechten Ausgangsbedingungen begannen die Frauen 1986 mit ihrer Arbeit in den Räumen eines Kreuzberger Nachbarschaftsvereins, personell zunächst einmal durch drei vom Arbeitsamt für zwei Jahre finanzierte Arbeitsbeschaffungsmaßnahmen abgesichert.

Zu dieser Zeit kam die Planung eines Berufsvorbereitungsjahres für junge Frauen aus immigrierten Familien hinzu. Hier sollte der Schwerpunkt auf Berufe im

Frauen bieten Ausbildungs- und Arbeitsplätze

AKARSU e.V. IN BERLIN-KREUZBERG

Gesundheitsbereich gelegt werden, "zum einen, weil wir sahen, wie sehr Immigrantinnen bei Arztbesuchen, Krankenhausaufenthalten etc. unter dem Nichtvorhandensein von Fachpersonal aus ihrem Kultur- und Sprachkreis litten, zum anderen, weil es vom Arbeitsamt in diesem Bereich noch keine entsprechenden Angebote gab" (Akarsu, 1990).

Mit der Bewilligung des Berufsvorbereitungslehrgangs war der Umzug in größere und eigene Räume notwendig geworden. Im Frühjahr 1987 konnte eine in Kreuzberg zentral gelegene ehemalige Fabriketage angemietet werden, die auch von anderen Stadtteilen aus gut zu erreichen ist.

Die Frauen entwickelten auf gemeinsamen Treffen ihre Vorstellungen über einen ihren Erfordernissen angepaßten Umbau der Etage. Von vornherein mußten sie davon ausgehen, daß ein Großteil des Umbaus in Selbsthilfe durchgeführt und mit Hilfe von Spendengeldern finanziert werden mußte. Auf der Grundlage ihrer Planungen erarbeitete dann das feministische Ingenieurinnen-Büro Itekton die Umbaupläne. Die Umbauphase dauerte von Mai bis September 1987. Ein Teil der Bauarbeiten erfolgte in Zusammenarbeit mit einer Kreuzberger Beschäftigungsinitiative.

Der Verein betreibt zur Zeit drei Projekte, in denen inzwischen 20 Frauen beschäftigt sind:

1. Grundausbildungslehrgänge für ausländische junge Frauen im Bereich Gesundheit:
In einjährigen Lehrgängen werden jeweils 30 ausländische Abgängerinnen von Haupt- und Realschulen auf die Berufe Arzthelferin, Apothekenhelferin, Krankenschwester und Krankenpflegerin vorbereitet. Die Finanzierung erfolgt durch das Landesarbeitsamt.

2. Gesundheitsetage für immigrierte Frauen: Schwerpunkte dieses Projekts sind
– Massage- und Atemkurse, Gymnastik, Selbstverteidigungs- und Schwimmkurse,
– praktische und psychologische Beratung der Frauen bei gesundheitlichen und häufig damit verbundenen seelischen Problemen.
Die Gesundheitsetage wird inzwischen mit einer Spende des Bundespräsidenten finanziert. Zusätzlich erfolgt eine befristete Selbsthilfeförderung vom Berliner Senat für Gesundheit und Soziales.

3. Ausbildungsbegleitende Hilfen für Arzt- und Apothekenhelferinnen:
Diese werden für ausländische und deutsche junge Frauen angeboten. Hier stehen z.Z. 36 Plätze zur Verfügung. Die Finanzierung erfolgt auch hier durch das Arbeitsamt.

Akarsu mußte sich aufgrund ihrer umfangreichen Aktivitäten vergrößern. Nachdem sie 1987 noch einen Teil ihrer Etage vermietet hatten, nutzen sie jetzt die gesamten 600 Quadratmeter für ihre Projekte. Erneut waren Umbauarbeiten notwendig, mit denen auch wieder das feministische Ingenieurinnen-Büro Itekton beauftragt wurde.

Inzwischen ist fraglich, ob der zunächst bis 1992 abgeschlossene Mietvertrag verlängert wird, da das gesamte Gebäude zwischenzeitlich den Eigentümer gewechselt hat. Eine Kündigung der Räume könnte den Fortbestand des Projektes verhindern.

* Das türkische Wort "Akarsu" heißt übersetzt "fließendes Wasser".

Literatur:
Akarsu: Gesundheitsetage für immigrierte Frauen, Berlin o.J.

Akarsu: Im Frühjahr 1990, Berlin 1990.

Akarsu: Selbstdarstellung, Berlin o.J.

Fotos:
Akarsu e.V., Berlin.

FRAUEN
PLANEN
BAUEN
WOHNEN

FRAUEN PLANEN WOHNRÄUME

Im Mittelpunkt des folgenden Abschnitts stehen Wohnungsbauprojekte aus der Bundesrepublik Deutschland, den Niederlanden und Kanada, die von Architektinnen verwirklicht wurden bzw. deren Grundsteinlegung erfolgt ist. Unser Augenmerk gilt dabei dem Aspekt der Realisierung emanzipatorischer Wohnformen und experimenteller Wohnungstypen im öffentlich geförderten Wohnungsbau.

Von vielen BewohnerInnen wird mittlerweile die unzweckmäßige Aufteilung der Wohnungen, besonders im normierten sozialen Wohnungsbau, kritisiert. Kaum vorhandene Kommunikationsbereiche, kleine Küchen und Kinderzimmer erschweren die Hausarbeit und die Kindererziehung, d.h. die Arbeitsbereiche, die meistens noch immer von Frauen ausgeführt werden. Im Gegensatz dazu stehen die großen Wohn- und Elternschlafzimmer, die größtenteils tagsüber nicht genutzt werden. Die Ausrichtung der Grundrisse auf die Lebensform traditioneller Familien macht es Frauen mit alternativen Lebenskonzepten schwer, geeigneten Wohnraum zu finden. Entweder es existiert kein entsprechendes Wohnungsangebot oder ihre Bedürfnisse können nur mit großem finanziellen Aufwand realisiert werden.

In Deutschland erschwert die Praxis der Vergabe von Wohnberechtigungsscheinen (nur an Familien oder an Alleinlebende mit und ohne Kinder) die Entwicklung neuer Wohnformen. Außerdem führen die bestehenden DIN-Normen für den sozialen Wohnungsbau in der Bundesrepublik (an die Einhaltung sind die Mittel für die öffentliche Förderung geknüpft) in aller Regel zu Wohnungen mit bekannter Raumhierarchie. Sie enthalten starre Angaben über Grundflächeneinteilungen sowie Ausstattung und Einrichtung von Küche, Bad und WC. Zwar gibt es schon eine Reihe von Beispielen, in denen experimenteller Wohnungsbau auch im öffentlich geförderten Bereich durchgesetzt wurde. Die Genehmigungen für solche Modellvorhaben sind aber nur durch langwierige Verhandlungen mit den offiziellen Stellen zu erreichen. Die meisten privaten Bauherren schrecken vor einem solchen Mehraufwand zurück. Außerdem besteht bei ihnen sehr häufig das Vorurteil, daß Wohnungen mit einem anderen als dem traditionellen Grundriß nur sehr schwer zu vermieten sind.

Frauen planen Wohnräume

Im Gegensatz zu Deutschland findet der soziale Wohnungsbau in den Niederlanden vor einem anderen Hintergrund statt. Hier besteht quer durch alle Parteien ein Konsens darüber, daß Wohnungen und Wohnraum nicht als Ware betrachtet werden können, sondern in erster Linie zur Erfüllung des Grundbedürfnisses Wohnen dienen müssen. Eine Reihe von Gesetzen und Regelungen macht diesen Bereich für Kapitalinteressen weitgehend uninteressant. Dies hat Konsequenzen für den Wohnungssektor und dürfte wohl den Hauptunterschied zum deutschen System ausmachen. Im sozialen Wohnungsbau der Niederlande gibt es eigens zugelassene Träger, die nicht gewinnbringend arbeiten. Hierzu gehören die gemeinnützigen Woning Corporaties (Wohnungsgesellschaften). Sie sind in das öffentliche Finanzierungssystem eingebettet, arbeiten nicht eigenwirtschaftlich und unterliegen staatlicher und kommunaler Kontrolle. Das heißt, daß sie in großem Maße als ausführende Organe der (Wohnungs-) Politik der Regierung fungieren. In Deutschland dagegen hat die viel höhere Zahl der privaten Vermieter einen starken Einfluß auf die Entwicklung im Wohnungsbau. Auch in Kanada gibt es Vorgaben für den geförderten Wohnungsbau. Die Richtlinien und ihre Auswirkungen konnten wir an dieser Stelle jedoch nicht genauer untersuchen.

Wie bereits erwähnt, scheitern ArchitektInnen mit ihren experimentellen Ideen häufig an den Widerständen der überwiegend männlichen Planer der Wohnungsbauträger und Verwaltungen. Aber das wiederentdeckte Wissen um die Nachteile für Frauen hat die Debatte um frauenfreundliche Grundrisse in den letzten 15 Jahren neu belebt. Frauenspezifische Forderungen zu Grundriß- und Gestaltungsprinzipien sind beispielsweise:
– Jeder Person eines Haushalts sollte ein eigenes Zimmer zur Verfügung stehen.
– Es muß ein Angebot an passenden Wohnungen für verschiedene Haushaltsformen und unterschiedlichen Stadien von Lebenszyklen geschaffen werden.
– Die Zimmeraufteilung muß die größtmögliche Nutzungsflexibilität der einzelnen Räume gestatten.

Bei den folgenden Beispielen handelt es sich um die Realisierung von Vorhaben und Planungen im Eigentums- und Mietwohnungsbau. Allen Projekten ist gemeinsam, daß sie innerhalb des sozialen Wohnungsbaus öffentlich gefördert worden sind. Das deutsche Beispiel ist ein Projekt der IBA Berlin, mit dessen Bau in diesem Jahr begonnen wurde. Die Wohnungen der Architektin Hartsuyker in Amsterdam trafen anfangs auf viel Skepsis. Eine öffentlich geförderte Studie belegte jedoch eine hohe Wohnzufriedenheit der BewohnerInnen, so daß aus der Untersuchung des Modells allgemeine Empfehlungen für den sozialen Wohnungsbau in den Niederlanden abgeleitet werden konnten. Die Frauen-Baugenossenschaft Sitka, die hier vorgestellt wird, ist das erste von Frauen initiierte Wohnungsprojekt in British Columbia, Kanada.

Literatur:
Dörhöfer, Kerstin/Terlinden, Ulla (Hginnen.): Verbaute Räume, Köln 1985.

Flade, Antje: Wohnen psychologisch betrachtet, Bern 1987.

Warhaftig, Myra: Emanzipationshindernis Wohnung, Köln 1985.

FRAUEN
PLANEN
BAUEN
WOHNEN

INTERNATIONALE BAUAUSSTELLUNG BERLIN, NEUBAUPROJEKT BLOCK 2

Block 2 ist ein Neubauprojekt der Internationalen Bauausstellung Berlin in der südlichen Friedrichstadt, bei dem frauenfreundliche Aspekte in die Wohnungsplanung einbezogen wurden.

Dem Planungsergebnis war ein langwieriger Durchsetzungsprozeß vorausgegangen: 1981 meldete sich eine Gruppe von Architektinnen und Planerinnen während eines Experten-Hearings der Internationalen Bauausstellung Berlin zu Wort und äußerte in sieben "unvorhergesehenen Reden" ihre Kritik an der Nichtbeachtung frauenspezifischer Aspekte in der Architektur und ihre zentrale Forderung nach mehr Einflußrecht. Als Reaktion darauf sollten die Wohnungen des IBA-Projekts Block 2 so geplant werden, daß sie "speziell frauenspezifischen Anliegen gerecht werden". Die IBA führte jedoch 1986 ein Entwurfsseminar für den Block 2 durch, auf dem eine ausschließlich männlich besetzte Jury über die Entwürfe ausschließlich männlicher Architekten befand. Nur durch vehement vorgetragene Kritik und unendlich zähe Verhandlungen konnten engagierte Frauen letztlich erreichen, daß die Planung des Blocks an zwei Architektinnen vergeben wurde. Allerdings umfassen die Aufträge an Myra Wahrhaftig und Christine Jachmann nur die Hälfte der Baumaßnahme.

Bei der gesamten Maßnahme sind in einem Häuserblock an der Stresemannstraße gegenüber dem Martin-Gropius-Bau ca. 100 Wohnungen im sozialen Mietwohnungsbau vorgesehen. Eine achtgeschossige Eckbebauung an der Stresemann–/Ecke Dessauer Straße mit einem angegliederten viergeschossigen Flachbau – von der Londoner Architektin Zaha M. Hadid entworfen – setzt ein architektonisch markantes Zeichen. Für den anschließenden Gebäudeteil an der Dessauer Straße, um den es im weiteren gehen wird und der in der Öffentlichkeit "Frauenblock" genannt wird, entwarfen die genannten Architektinnen die Pläne: eine viergeschossige Bebauung, die sich um drei Innenhöfe gruppiert. Die Freiraumplanung übernahm Hannelore Kossel.

Inhaltlich geht es um die Realisierung neuer emanzipatorischer Wohnformen und experimenteller Wohnungstypen: Kinderfreundliches Wohnen, Wohnungen für alleinerziehende Frauen und kinderreiche Familien. Ungewöhnliche Grundrisse sollen frauenspezifischen Belangen Rechnung tragen und emanzipatorisches Wohnen ermöglichen.

Ein Ergebnis ist z.B. das Modell "Familiengerechte Wohnungen mit Wohnraum-Küche", das die Architektin Myra Warhaftig umgesetzt hat. Warhaftigs Entwurf umfaßt 24 Wohnungen in einem L-förmigen Gebäude mit drei Treppenhäusern und einer Höhe von vier Stockwerken. Jeder Wohnungsgrundriß der Zwei- bis Fünfzimmerwohnungen hat als Zentrum einen Gemeinschaftsraum. In ihm sind die Funktionen von Küche, Eßplatz und Flur zusammengefaßt. Dieser Raum ist der Kommunikationsort aller Familienmitglieder, er bietet die Möglichkeit, Wohnen, Kochen und Essen zeitlich und räumlich ungetrennt zu praktizieren, so daß auf das traditionelle Wohnzimmer verzichtet werden kann. Von dieser Wohnraumküche gehen dann die Individualräume ab. Diese Raumbedingungen be-

Frauen planen Wohnräume

oben:
Entwurf von Christine Jachmann, Berlin.

unten:
Entwurf von Myra Warhaftig, Berlin.

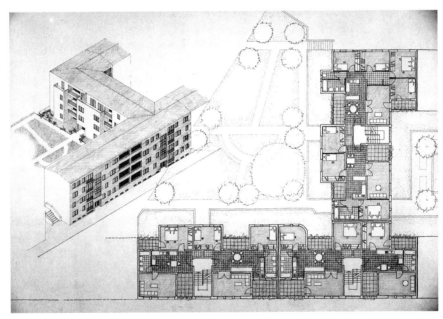

günstigen ein Gemeinschaftsleben. Zum Kochen und für Essensvorbereitungen können alle einbezogen werden, und der Kontakt untereinander, vor allem auch zwischen Kindern und Erwachsenen, ist maximal gewährleistet.

Es gibt eine Vielzahl von Varianten, um Möglichkeiten individueller Wohnnutzungen zu schaffen. In den Entwürfen von Christiane Jachmann sind z.B. 25 große Wohnungen an zwei Treppenhäuser angegliedert, so daß sie auch geteilt werden können. Soweit möglich entstehen gleichgroße Räume, damit es auch zu einem Nutzungs- und Funktionstausch der Räume innerhalb der einzelnen Wohnungen kommen kann.

Den Erdgeschoßwohnungen sind Mietergärten vorgelagert. Dahinter verbindet ein Wegenetz in der Gemeinschaftsgrünanlage die drei Innenhöfe. Wegen der für den sozialen Wohnungsbau ungewöhnlichen Grundrisse zogen sich die Verhandlungen mit der Wohnungsbaukreditanstalt und Wohnungsbaugesellschaft lange hin. Von den Architektinnen wurde z.B. eine Liste mit potentiellen MieterInnen verlangt, weil große Bedenken im Hinblick auf die Vermietbarkeit der Wohnungen bestanden.

Der Baubeginn war zunächst für 1988 vorgesehen, die endgültigen Planungen wurden Anfang 1990 abgeschlossen. Die Grundsteinlegung verschob sich dann noch bis zum 17. Juni 1991.

Literatur:

Feministische Organisation von Planerinnen und Architektinnen (FOPA) e.V. Berlin: Block 2. Eine Aktion, in: Freiräume 2, Berlin 1986, S. 23 f.

Internationale Bauausstellung Berlin: Projektübersicht. Wohnhof 51, Berlin 1987, S. 104.

Jachmann, Christine: Block 2, unveröffentlichtes Manuskript, Berlin o.J.

Warhaftig, Myra: Familiengerechte Wohnungen mit Wohnraum-Küche, unveröffentlichtes Manuskript, Berlin 1990.

FRAUEN
PLANEN
BAUEN
WOHNEN

HARTSUYKER-WOHNUNGEN IN AMSTERDAM, NIEDERLANDE

"Die andere Wohnung", so nennt die Architektin Luzia Hartsuyker ihren Entwurf für flexible Wohnungen, die in Amsterdam sowohl auf dem freien Bausektor als Eigentumswohnungen – Geindriendorp (1986) – wie auch im sozialen Mietwohnungsbau – Borssenburgplein (1987) – verwirklicht worden sind. Sie sind als Reaktion auf die traditionellen Familienwohnungen entstanden, die den Bedürfnissen und Aktivitäten der heutigen BewohnerInnen nicht mehr entsprechen. Mit öffentlichen Geldern wurden die Einrichtung und der Gebrauch der beiden genannten Projekte untersucht und eine BewohnerInnenbefragung durchgeführt. Zusätzlich ging man der Frage nach, ob derartige Projekte im sozialen Mietwohnungssektor baulich und finanziell machbar sind. Die Dokumentation der BewohnerInnenbefragung gibt Aufschluß über die hohe Wohnzufriedenheit der BewohnerInnen mit der Grundrißvariante von Hartsuyker. Ihre Grundrisse sind zum Modell geworden, und als ein Ergebnis dieser Untersuchung wurden allgemeine Empfehlungen für den sozialen Wohnungsbau erstellt.

Das Projekt Geindriendorp

Es umfaßt 22 flexible Eigentumswohnungen in zweigeschossiger Reihenbebauung. Erst nach langen Bemühungen fand die Architektin Luzia Hartsuyker einen Projektentwickler, der bereit war, ihren Entwurf auf dem freien Bausektor zu verwirklichen. Da dem Unternehmer das Risiko mit Hartsuykers unkonventionellem Entwurf zu groß erschien, entwickelte er, basierend auf ihrem Entwurf, noch eine Reihe von Varianten. Eine unberechtigte Sorge, denn verkauft wurden 18 der 22 Wohnungen mit dem Original-Grundriß von Hartsuyker und vier Wohnungen mit einer Variante des Bauunternehmers.

In dem Entwurf von Luzia Hartsuyker wird die Nutzungsflexibilität der Wohnungen dadurch erreicht, daß es drei etwa gleichgroße abgeschlossene Räume (zwei im Erdgeschoß, einer im Obergeschoß) und offene Gemeinschaftsbereiche sowie Bäder auf beiden Etagen gibt.

Beide Etagen sind über eine offene Treppe und die Vide (Luftraum zwischen Erdgeschoß, Galerie im Obergeschoß und Dach) im Gemeinschaftsbereich miteinander verbunden. Ein Dachfenster sorgt für zusätzliche Belichtung über beide Geschosse in der Mitte des Hauses, wodurch die Nutzungsmöglichkeiten dieser Zone vergrößert werden.

Im Erdgeschoß grenzt eine offene Küche an den Gemeinschaftsbereich an, von der aus eine Tür auf die Terrasse der Hofseite führt. Zur Straßenseite wird der Gemeinschaftsbereich über einen schmalen Flur erschlossen. An diesem Flur liegen auch das Bad und WC. In der Variante des Bauunternehmers dagegen gibt es eine eindeutige Hierarchie von Raumgrößen: einen großen Gemeinschaftsbereich im Erdgeschoß (Wohnraum) mit Ausgang auf die Terrasse und eine abgeschlossene Eßküche zur Straßenseite, die über den Wohnraum zu erreichen ist, außerdem ein Bad; im ersten Obergeschoß befinden sich ein mittelgroßer Raum (Elternschlafzimmer) und zwei kleinere Räume (Kinderzimmer) nebst Bad. Die Geschosse sind in dieser Variante sowohl durch die festgelegten Funktionen als auch durch die fehlende offene Galerie sehr stark voneinander getrennt. Die offene Treppe des Wohnraums endet im Obergeschoß auf einem kleinen Flur, der kaum zu nutzen ist. Ein Teil der BewohnerInnen hatte beim Baubeginn die Möglichkeit, Absprachen mit dem Bauunternehmer zu treffen und kleine Veränderungen im Grundriß vorzunehmen, z.B. sind Wände teilweise weggelassen worden.

Ergebnisse der BewohnerInnenuntersuchung

Aus der Befragung wird deutlich, daß vor allem die Variante 1 der Architektin Hartsuyker Frauen die Möglichkeit bot, einen Raum in der Wohnung für sich zu nutzen. Hier eignen sich mehrere Plätze in der Wohnung für unterschiedliche Tätigkeiten: zum Arbeiten, zum

Frauen planen Wohnräume

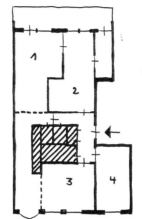

LUZIA HARTSUYKER
Die gebrauchsflexible Wohnung

Projekt Borssenburgplein, Amsterdam 1987
Sozialer Wohnungsbau
Beispiel 4-Zimmerwohnung

Gartenseite

Straßenseite

- - - - = Platzierungsmöglichkeit für eine flexible Wand

- Küche, Bad, Toilette und Waschmaschine liegen kompakt in der Mitte der Wohnung
- Sie sind über einen Gang erreichbar, ohne daß andere Räume betreten werden müssen
- Die Räume sind von der Grundfläche her ungefähr gleichgroß und ausreichend natürlich belichtet
- Dadurch können sie sowohl als Wohn-, Spiel-, Arbeits-, Schlaf- oder als multifunktionaler Raum genutzt werden
- Ergänzend zum flexiblen Grundriß der Architektin hat der 'gemeentelijk woningbedrijf' eine flexible Wand hinzugefügt, die an verschiedenen Stellen in der Wohnung angebracht werden kann. Sie besteht aus einer Anzahl Paneelen und einer Tür und kann von den BewohnerInnen selbst versetzt und durch ein Klemmsystem zwischen Decke u. Boden angebracht werden.

Studieren, eröffnen Raum für ein Hobby oder einfach zum Nichtstun.

Es gibt zwei Plätze in der Wohnung, die sich als zentraler Wohnraum anbieten, diese Wahlmöglichkeit wurde von den BewohnerInnen sehr begrüßt. In einigen Wohnungen entwickelte sich z.B. das Erdgeschoß zur Domäne der Kinder, während das Obergeschoß vor allem von den Erwachsenen genutzt wird. Der flexible Gebrauch der Räume ist allerdings stark abhängig von der Anzahl der BewohnerInnen. Bei Familienzuwachs z.B. wurde der eigene Raum der Erwachsenen oft zugunsten der Kinder aufgegeben. Bemängelt wurde lediglich die technische Versorgung der Räume. Es fehlte z.B. an Steckdosen, Anschlüssen für Deckenleuchten, Fernsehen und Telefon. Wichtige Aspekte, um die flexible Nutzung der Räume zu ermöglichen.

Die Variante 2 des Bauunternehmers erfahren die BewohnerInnen als sehr einschränkend. Die traditionelle Hierarchie der Raumgrößen schreibt den Gebrauch zwingend vor. Daher wollen einige die Einteilung der Wohnung noch nachträglich verändern.

Das Projekt Borssenburgplein

Der Bau des Komplexes Borssenburgplein in Amsterdam ist ein Experiment, flexible Wohnungsgrundrisse an den sozialen Mietwohnungsbau anzupassen. Hierdurch sollen die Wohnungen auf mehr als eine Zielgruppe zugeschnitten werden und den Veränderungen der Haushalte anpaßbar sein.

Die Initiative für dieses Experiment wurde vom Frauenrat der Abteilung Wohnungswesen (Vrouwenoverleg van de Dienst Volkshuisvesting) der Gemeinde Amsterdam ergriffen. Es entstanden 38 flexible Zwei-, Drei- und Vierzimmerwohnungen in fünfgeschossiger Bauweise. Die Nutzungsflexibilität der Grundrisse wird dadurch erreicht, daß Küche, Bad, Toilette und Waschmaschine kompakt in der Mitte der Wohnung liegen und über einen Gang erreichbar sind, ohne daß andere Räume betreten werden müssen. Die übrigen Räume sind ungefähr gleichgroß und ausreichend natürlich belichtet, so daß sie sowohl als Schlaf-, Arbeits-, Spiel- und Wohnzimmer oder als multifunktionaler Raum genutzt werden können.

Ergänzend zum flexiblen Grundriß der Architektin hat die Wohnungsgesellschaft eine flexible Wand hinzugefügt, die an verschiedenen Stellen in der Wohnung angebracht werden kann. Sie besteht aus einer Anzahl Paneelen und einer Tür und kann von den BewohnerInnen selbst versetzt und durch ein Klemmsystem zwischen Decke und Boden angebracht werden. Hierdurch erhalten die BewohnerInnen eine zusätzliche Möglichkeit, ihre Wohnung nach eigenen Ideen einzuteilen.

Dieser Entwurf von Luzia Hartsuyker entspricht nicht den Amsterdamer Wohnungsbaurichtlinien, die auf der traditionellen Wohnungseinteilung mit Wohnzimmer, großem Eltern-Schlafzimmer und kleinem(n) Kinder-Schlafzimmer(n) beruhen. Wegen des experimentellen Charakters des Projekts wurden hier jedoch Abweichungen gestattet.

Die Wohnungen wurden nach den üblichen Regeln zugewiesen, d.h. die MieterInnen hatten selbst nicht die Wahl für oder gegen das Experiment. Grundsätzlich sprechen sich die BewohnerInnen positiv über die Möglichkeit aus, die Räume unterschiedlich zu nutzen. Einige

FRAUEN PLANEN BAUEN WOHNEN

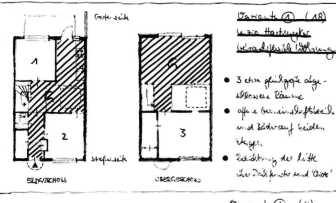

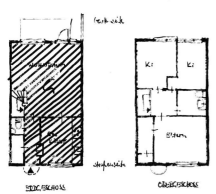

mußten sich zwar zunächst an die unkonventionelle Wohnungsaufteilung gewöhnen, aber letztlich waren sie froh über die "ungekannten Möglichkeiten". Von der Möglichkeit, eine Wand zu versetzen, haben mehrere Haushalte Gebrauch gemacht. Auch in diesem Projekt ist ein größerer Gemeinschaftsraum als eine Art Begegnungsraum vorgesehen. Das flexible Wohnmodell erfordert ausreichend Telefon- und Elektroinstallationen, damit es nicht vorkommt, daß z.B. Lampen in zwei Räumen, die durch die flexible Wand getrennt wurden, mit dem Lichtschalter in einem der beiden Räume bedient werden müssen.

Empfehlungen:

Aus der BewohnerInnen-Befragung zu beiden Projekten wurden die folgenden Empfehlungen für die Errichtung ähnlicher Wohnungen im sozialen Wohnungsbau abgeleitet:

1. Der technische Entwurf

Die heutigen Richtlinien für Qualitätsanforderungen basieren auf der traditionellen Wohnungseinteilung. Daher hat die Gemeinde Amsterdam einen alternativen Beurteilungsrahmen für individuelle Wohnformen entworfen. Aus der Untersuchung geht hervor, daß das Projekt Borssenburgplein diesen Anforderungen gerecht wird.
– Die gebrauchsflexiblen Wohnungen sind im Gegensatz zur traditionellen Wohnungsaufteilung für unterschiedliche Lebensformen geeignet und tragen der Tatsache Rechnung, daß Frauen auch innerhalb einer Familie ein selbstbestimmtes Leben führen wollen.
– Sowohl für traditionelle Familien als auch für alternative Lebensformen ist das Vorhandensein eines größeren Gemeinschaftsraums wichtig, um die Kommunikation zu fördern.
– Ein großer Gemeinschaftsraum bedeutet eine Vergrößerung der Grundfläche insgesamt, das heißt, daß im sozialen Wohnungsbau die geltenden Normen geändert werden müssen.
– Das Problem kann dadurch gelöst werden, daß Wohnungen mit gleichgroßen und durch flexible Wände koppelbaren Räumen gebaut werden.
– Das Vorhandensein von technischen Versorgungseinrichtun-

VAC – Frauenberatungskommissionen

für den Wohnungsbau (Vrouwen Adviescommissies voor de Woningbouw) in den Niederlanden

Die Frauenberatungskommissionen für den Wohnungsbau bilden sich aus Frauen, die sich ehrenamtlich für Verbesserungen in den Bereichen Planen, Bauen, Wohnen und Wohnumfeld für alle BewohnerInnengruppen einsetzen, wobei die Hauptaktivitäten im Bereich des sozialen Wohnungsbaus liegen.

Die VAC-Bewegung entstand Anfang der 50er Jahre als Reaktion auf den schlechten Massenwohnungsbau dieser Zeit, der die Interessen von Frauen als den Hauptnutzerinnen von Wohnung und Wohnumfeld nicht berücksichtigte. Es bildeten sich zunächst Traueninitiativen auf lokaler Ebene, die sich im Laufe der Zeit zu einem nationalen Dachverband zusammenschlossen und sich dann auch auf Provinzebene zu regionalen Vertretungen formierten.

Heute besteht dieses Netzwerk aus mehr als 230 örtlichen VACs, d.h. bereits in jeder dritten niederländischen Gemeinde gibt es eine solche Kommission. Innerhalb eines Landes bilden die örtlichen VACs Arbeitsgemeinschaften. Die zwölf Landesvorsitzenden dieser Gemeinschaften wiederum ergeben gleichzeitig den nationalen allgemeinen Vorstand, den Verein Nationaler Kontakt der VACs für den Wohnungsbau (Stichting Landelijk Contact van de VACs). Der allgemeine Vorstand wiederum wählt bzw. ernennt den geschäftsführenden Vorstand.

Die lokalen VACs bestehen aus ca. 5 – 15 Mitgliedsfrauen. Die konstruktive Zusammenarbeit zwischen den Frauen ist gerade deshalb so hoch zu bewerten, weil sie aus unterschiedlichen sozialen Schichten, mit unterschiedlichen Berufsausbildungen und aus unterschiedlichen Lebenszusammenhängen kommen.

Die konkrete Aufgabe der lokalen VACs besteht in der Begutachtung von Wohnungsgrundrissen, Wohnumgebungs- und Bauleitplänen. Die VAC-Frauen nehmen mit den BewohnerInnen und für sie an der Diskussion mit den Gemeinden und Bauherren teil, sowohl bei der Entwicklung der Bauleitpläne als auch während der Planung und Bauabwicklung der Wohnungs- und Wohnumfeldgestaltung. Auf Landesebene werden Raumordnungspläne des Landes sowie Planungen, die die Gemeindegrenzen überschreiten, begutachtet. Der Verein Nationaler Kontakt hat sich die Beratung des Ministeriums für Wohnungsbau, Raumplanung und Umwelt, des Nationalrats für den Wohnungsbau sowie nationaler Organisationen, die auf dem Gebiet des Wohnungsbaus tätig sind, zur Aufgabe gemacht.

Frauen planen Wohnräume

Obwohl die Arbeit auf Landes- und nationaler Ebene wichtig und bedeutungsvoll ist, bleibt die Basisarbeit der örtlichen Kommissionen der Hauptteil des Netzwerkes. So sind auch die dem Nationalen Kontakt zuzuordnenden vier Komitees als Unterstützung der lokalen VACs zu verstehen:

1. Schulungskomitee: Es werden Kurse und Seminare organisiert, die den Frauen in den VACs die Arbeit erleichtert bzw. durch die Vermittlung von Grundkenntnissen erst ermöglicht (z.B.: das Lesen von technischen Zeichnungen, Materialkenntnis, Kenntnisse über Gesetze und Verordnungen).
2. Beratungskomitee: Dieses Komitee berät einzelne Frauen oder Frauengruppen, die sich für VAC-Aktivitäten engagieren und/oder VACs gründen wollen.
3. Redaktionskomitee: Es publiziert monatlich die VAC-Niews, das VAC-Nachrichtenblatt.
4. Öffentlichkeitsarbeit-Komitee: Dieses Komitee vertritt die VACs nach außen und ist gleichzeitig für die Verbreitung von Ausstellungsmaterial, Broschüren, Dias etc. zuständig.

Die Wichtigkeit der VAC-Organisation dürfte bereits aus dieser kurzen Darstellung sichtbar geworden sein. In der Öffentlichkeit wird die Arbeit der VAC schon seit langem anerkannt. Allerdings stellt sich hier, wie in so vielen Fällen, die Frage nach der Finanzierung der Aktivitäten. Der weitaus größte Teil der Arbeiten wird von den Frauen ehrenamtlich geleistet. Auf lokaler Ebene übernehmen die Gemeinden teilweise Verwaltungs-, Reise- und Schulungskosten. Auf nationaler Ebene wird mittlerweile eine Bürokraft und eine halbe Sachbearbeiterinnenstelle über das Ministerium für Wohnungsbau finanziert. Aus dieser schlechten finanziellen Ausstattung ergibt sich das Problem, daß nur finanziell abgesicherte Frauen kontinuierlich für die VAC tätig sein können.

Außerdem muß abschließend noch darauf hingewiesen werden, daß die VAC als Wohnkonsumentinnen-Organisation zwar Mitspracherechte haben, diese allerdings nur mit empfehlendem Charakter.

Literatur:
Hutjes, Lily: VAC - Frauenberatungskommission für Wohnungsbau in den Niederlanden. Eine Fallstudie, Utrecht 1987.

gen bestimmt die Gebrauchsflexibilität. Daher sollten in flexiblen Mietwohnungen alle Räume mit Wohnraumniveau ausgerüstet sein.

2. Die finanzielle Machbarkeit

In der Diskussion über flexible Grundrisse wird oft behauptet, daß flexibles Bauen zu teuer ist. Die Untersuchung macht jedoch deutlich, daß die Mehrkosten durch zusätzliche Installationen im Elektro- und Sanitärbereich relativ gering sind. Allerdings kann die zusätzliche Qualität nicht immer ohne Mehrkosten realisiert werden. Im allgemeinen können sie mit zwei Prozent der gesamten Baukosten veranschlagt werden.

Bei den Überlegungen, wer diese Mehrkosten zu tragen hat, wird zu bedenken gegeben, daß die MieterInnen eine Wohnung mit besonders hohem Gebrauchswert erhalten, auf der anderen Seite aber auch die VermieterInnen eine Wohnung mit Zukunftswert haben, denn die Wohnung kann bei Veränderungen in den Haushalten angepaßt werden. Für VermieterInnen bedeutet dies zweifellos eine leicht vermietbare Wohnung mit weniger MieterInnenwechseln.

3. Empfehlungen für die Verwaltung

Die Vermietung einer gebrauchsflexiblen Wohnung, vor allem, wenn diese gleichzeitig mit einer versetzbaren Wand ausgerüstet ist, stellt zusätzliche Anforderungen an die Verwaltung. Dies betrifft nicht nur die technische Verwaltung, sondern auch soziale Fragen.

Hinsichtlich der technischen Verwaltung ist zum Beispiel die Lagerung von Wänden zu regeln. Bedacht werden müssen die notwendige Hilfe beim Versetzen von Wänden oder beim Durchziehen von Kabeln und die Kontrolle der Ausführung, soweit die BewohnerInnen sich selbst darum kümmern.

Nach dem gültigen Punktbewertungssystem – bezogen auf Anzahl und Größe der Räume – kann der unterschiedliche Gebrauch derselben flexiblen Wand im Prinzip zu unterschiedlichen Mieten führen. In dieser Hinsicht sind die heutigen Mietpreisregelungen noch nicht an die neuen Entwicklungen im Wohnungswesen angepaßt. Es wird empfohlen, einen Referenz-Grundriß aufzustellen, auf dessen Grundlage die Miete festgestellt wird.

Bei der Wohnraumverteilung sollten die Wohnwünsche der Wohnungssuchenden und ihre Präferenz für ein derartiges Projekt berücksichtigt werden. Daneben ist es wichtig, darauf zu achten, daß die Wohnungen nicht überbelegt werden. Und schließlich muß eingehend über alle Aspekte der flexiblen Wohnung und der Möglichkeiten, die eine derartige Wohnung bietet, informiert werden.

Literatur:
Stuurgroep Experimenten Volkshuisvesting: Experimentenbeschrijving Evaluatie Hartsuykerwoningen te Amsterdam, Alphen a/d Rijn 1988.

Zee, Annemarie van de: Sociale Woningbouwen Flexibilität. Een onmogelijke Kombinatie?, in: Klinker 4/5, Dezember 1988.

Pläne:
Luzia Hartsuyker, Amsterdam.

FRAUEN
PLANEN
BAUEN
WOHNEN

SITKA HOUSING-COOPERATIVE VANCOUVER, BRITISH-COLUMBIA, KANADA

Bei der Sitka*-Housing-Cooperative handelt es sich um eine Frauen-Baugenossenschaft. Anfang der 80er Jahre schloß sich eine Gruppe von lesbischen und heterosexuellen Frauen zusammen, um gemeinsam etwas gegen den Mangel an Wohnraum zu unternehmen, von dem sie als junge und alte Frauen, mit und ohne Kinder, in besonderem Maße betroffen waren.

Ca. 20 Frauen bildeten 1982 eine genossenschaftliche Wohnungsbaugesellschaft (Co-operative Housing Association) mit dem Ziel, ein neues, gemeinschaftliches Wohnprojekt nach ihren konkreten Vorstellungen im Rahmen des öffentlich geför-

derten Wohnungsbaus zu realisieren. Sie wußten, daß sie sich damit keine leichte Aufgabe gestellt hatten, da die Wohnungsgesellschaften Standards vorgeben, die fast ausschließlich auf Familien ausgerichtet sind.

Zwischen 1982 und 1985 suchten die Frauen nach politischer und fachlicher Unterstützung für ihr Projekt, indem sie bei verschiedenen politischen Gremien und Parteien für ihre Projektidee warben. Außerdem gibt es in Kanada die Möglichkeit, sich an die kanadische Hypotheken- und Wohnungsbau-Gesellschaft (Canada Mortage and Housing Corporation, CMHC) zu wenden, die in der Regel neu gegründete "Co-ops" unterstützt. Diese Unterstützung erfolgt durch die Finanzierung von sogenannten "Beratungsgruppen", die in der Regel die Finanz- und Bauplanung der Projekte übernehmen. Da es sich um eine "all-woman-co-op", also um eine reine Frauen-Genossenschaft handelt, gelang es erst nach längeren Verhand-

lungen, eine dieser Beratungsgruppen, die "Inner City", dazu zu bewegen, Sitka auf ihre Liste förderungswürdiger Co-ops zu setzen. Diese Liste wird an die CMHC geleitet, die entgültig über eine Förderung entscheidet.

Parallel zu diesen Bemühungen und ohne zu wissen, wo das Projekt realisiert werden konnte, nahmen die Sitka-Frauen 1984 Kontakt zu der Architektin Linda Baker auf; sie hofften, die CMHC mit konkreten Entwürfen besser von ihrer Projektidee überzeugen zu können. Ausschlaggebend für die Durchsetzung des Projekts bei der CMHC und die Zuteilung des Grundstücks waren aber nicht die Entwürfe, sondern der Einfluß und die Kontakte der Ministerin Margaret Mitchell, die sich für Sitka einsetzte, und die Unterstützung durch verschiedene nationale Frauenorganisationen.

Die konkrete Planung des Hauses war nicht die alleinige Aufgabe der Architektin. Von Anfang an waren die Frauen mit in die Entwicklung und Entscheidungsprozesse eingebunden. Zunächst klärten sie in vielen Diskussionen ihre individuellen Wohnbedürfnisse. Zusammen wurden die Bedürfnisse der einzelnen im Hinblick auf die der

Frauen planen Wohnräume

Gemeinschaft, die architektonischen Möglichkeiten und die Vorgaben der Wohnungsgesellschaft entwickelt. Die Hauptanforderung der Frauen an die Architektur bestand darin, den Gemeinschaftscharakter auch nach außen hin zu verdeutlichen. Außerdem legten sie Wert auf viel Licht und wenig Störungen durch Lärm in ihren neuen Räumen. Natürlich sollte dies alles in einem für die Co-op finanzierbaren Rahmen verwirklicht werden.**

Das Gebäude auf dem zur Verfügung gestellten Eckgrundstück wurde so gestaltet, daß es sich vom Äußeren her eng an die bereits bestehende Bebauung anpaßt. Es hat einen geschlossenen Innenhof mit sechs kleinen Gartenparzellen und einen Kinderspielplatz. Diese Gemeinschaftsfläche wird noch durch einen Gemeinschaftsraum mit Küche ergänzt. Die Frauen konnten zum Innenhof gerichtete Fenster durchsetzen, obwohl die Hypotheken- und Wohnungsbau-Gesellschaft eine geschlossene Lösung forderte. Ihnen war die Überwachungsmöglichkeit des Innenhofs mit dem Kinderspielbereich wichtiger als die Wahrung von Privatheit in den Innenhofzonen. Insgesamt sind 26 Wohneinheiten von Einraumwohnungen bis zu Wohnungen mit vier Zimmern vorhanden, die von ca. 40 Frauen mit zehn Kindern bewohnt werden. Keine der Wohnungen hat den gleichen Grundriß: Es gibt Wohnungen über zwei Ebenen, mit direktem Eingang zur Straße oder zum Innenhof, mit zusammenhängendem Küchen- und Wohnbereich, mit großen Wohnbereichen oder aber großen Abstellräumen und Wohnungen mit besonders ausgewählten Mate-

rialien für Allergikerinnen. Durch die außergewöhnlich gute und intensive Zusammenarbeit mit der Architektin war es selbst während der Bauausführung noch möglich, kleine Änderungswünsche durchzusetzen.

Sitka ist das erste von Frauen initiierte Wohnungsbauprojekt der kanadischen Provinz British-Columbia. Es kann als erfolgreiches Beispiel für zukünftige Frauenbauprojekte dienen, aber auch hier darf nicht vergessen werden, daß es nur durch die mühsame, jahrelange Arbeit der Frauen durchgesetzt werden konnte.

* Sitka ist eine besonders robuste Fichtenart.

** Auf die genauen Finanzierungsmodalitäten kann hier nicht eingegangen werden, da eine Darstellung der Förderungsbedingungen in Kanada den Rahmen dieser Veröffentlichung sprengen würde.

Literatur:
Avery, Hinda: Sitka Housing Co-operative: Women House Themselves, in: Women & Enviroment, Bd. 11, Nr. 2, März/April 1989.

Fotos:
Sitka, Vancouver.
Sabine Silberberg, Dortmund.

FRAUEN
PLANEN
BAUEN
WOHNEN

FRAUEN GESTALTEN STADTVIERTEL

Im folgenden Abschnitt werden Beispiele eines umfangreichen Planungsansatzes dargestellt, der frauenspezifische Anforderungen an Infrastruktur, Gebrauchsfähigkeit und Gestaltung von Räumen integriert. Sie dokumentieren Erneuerungsmaßnahmen in Großsiedlungen der 60er und 70er Jahre unter besonderer Berücksichtigung der Wohn- und Lebensverhältnisse der Frauen in diesen Quartieren aus der Bundesrepublik. Außerdem wird die Neuplanung eines experimentellen, frauengerechten Stadtviertels und frauengerechter Grundrisse aus den Niederlanden vorgestellt. In allen diesen Beispielen hatten Planerinnen, Architektinnen und Politikerinnen einen entscheidenden Anteil an der Konzeption und der Realisierung dieser Projekte.

Die grundlegende Kritik der Frauen entzündet sich an der einseitigen Orientierung der Stadtentwicklung, die ausgerichtet ist an der Lebenswelt junger berufstätiger Männer und auf die Durchsetzung der jeweils einflußreichsten Nutzungsinteressen zielt.

Resultat dieser Stadtentwicklung ist z.B. die räumliche Trennung der Funktionen Arbeit, Wohnen, Konsum und Freizeit, die zu einem dramatisch anwachsenden Individualverkehr mit hohen Belastungen durch Schadstoffe, Lärm und Unfallgefahren geführt hat. Weitere Konsequenzen sind festgeschriebene Nutzungen, ein zerstörerischer Umgang mit natürlichen Ressourcen und ein eindimensionaler Ästhetikbegriff in der Architektur.

Sowohl diese negativen Entwicklungen als auch neue demographische Trends wie die wachsende Anzahl von Einpersonenhaushalten, die steigende Zahl berufstätiger Frauen, die Zunahme des Altenanteils an der Gesamtbevölkerung und der abnehmende Anteil der traditionellen Zweielternfamilie erfordern einen neuen Planungsansatz.

Der Leitgedanke bei den sich immer noch weiter entwickelnden Forderungen von Frauen an die Planung ist, daß die Lebenssituation von Frauen verbessert werden muß. Ansprüche beziehen sich zum einen auf verbesserte Beteiligungsmöglichkeiten sowie auf die gesamte Stadtstruktur und auf detaillierte Gestaltungselemente bis hin zu Grundrißplanungen. In der Praxis heißt das:

Frauen gestalten Stadtviertel

- Durchführung spezieller Bürgerinnenversammlungen und gezieltes Auffordern von Frauen und Frauengruppen, sich an der Planung zu beteiligen,
- Funktionsmischung in den einzelnen Stadtgebieten,
- wohnungsnahe Versorgung mit Infrastruktureinrichtungen,
- Verbesserung des öffentlichen Personennahverkehrs,
- stärkere Beachtung des nichtmotorisierten Verkehrs,
- kommunikationsfördernde Ausstattung des Wohnumfeldes (z.B. Sitzgelegenheiten, aber auch Gemeinschaftseinrichtungen),
- Multifunktionalität von öffentlichen und privaten Räumen,
- Grundrisse, die eine individuelle Lebensgestaltung zulassen.

Frauen haben sich von Anfang an am Planungsprozeß der hier vorgestellten Projekte beteiligt, so daß ihre Kenntnisse und ihre Bedürfnisse eine sehr viel stärkere Beachtung fanden, als dies sonst üblich ist. In den dokumentierten Beispielen ist der Tatsache Rechnung getragen worden, daß sie als Expertinnen ihres nahen und weiteren Wohnumfeldes anzusehen sind, denn hier verrichten sie den Großteil ihrer Arbeit. Zusammenfassend ist aber zu sagen, daß sie die Wahlmöglichkeiten für die Lebensgestaltung von Frauen erhöhen, indem sie baulich-räumliche Behinderungen der Alltagsbewältigung abbauen.

FRAUEN
PLANEN
BAUEN
WOHNEN

PLANUNGS-BERATUNG IN DER GROSSSIEDLUNG KIRCHDORF-SÜD IN HAMBURG

Die Großsiedlung Kirchdorf-Süd war Anfang der 80er Jahre eine der Siedlungen mit den größten Problemen in Hamburg. Soziale Konflikte, fehlende Infrastruktur und hohe Fluktuationsraten machten ein Handeln dringend notwendig. Der Verein Frauen planen um, der sich mit den Mängeln – insbesondere für Frauen – in dieser Großsiedlung beschäftigt hat, wurde 1983 nach mehrjährigem Erfahrungsaustausch von zehn Frauen aus den Berufsbereichen Planung, Architektur, Landschaftsplanung und Psychologie gegründet. Die Arbeit des Vereins besteht darin, in den Bereichen Architektur und Planung zu beraten und Verbesserungsvorschläge aus der Sicht von Frauen in die öffentliche Diskussion einzubringen.

Die Stadt Hamburg beantragte 1984 Fördermittel beim Bundesministerium zwecks Erneuerung in Kirchdorf-Süd aus dem Programm "Experimenteller Wohnungs- und Städtebau". Das Ministerium stellte eine Mittelbewilligung für die Stadt in Aussicht mit der Maßgabe, den Verein Frauen planen um mit der Planungsberatung zu beauftragen. So konnten die Frauen des Vereins 1985 ein Beratungsbüro vor Ort in der Siedlung einrichten. Der Auftrag zur Planungsberatung in Kirchdorf-Süd an Frauen planen um war das Ergebnis ihres 1983 eingereichten Forschungsantrags beim Bundesministerium für Bauen und Wohnen zur Erstellung eines Erneuerungskonzepts für diese Siedlung.

Hier eine Kurzcharakteristik der Siedlung Kirchdorf-Süd:

Bauzeit:	1974-1976
Wohnungen:	2.298
EinwohnerInnen:	ca. 5 900, davon 27 % unter 18 Jahren
Lage:	ca. 12 km vom Stadtzentrum, 150 m von der BAB 1 entfernt
ÖPNV: (Öffentl. Pers.-Nahverkehr)	S-Bahn-Anschluß in 2 km Entfernung, 2 Buslinien (keine Direktverbindung zur City)
EigentümerIn:	Städtische Wohnungsbaugesellschaft SAGA, verschiedene Genossenschaften, Neue Heimat Nord
Eigentumsform:	Sozialer Mietwohnungsbau
Miethöhe:	ca. 7,30 DM/qm inkl. Betriebskosten
Baustruktur:	zwei 14geschossige und zwei 12geschossige Hochhauszeilen, zwei 6- bis 11geschossige Wohnringe mit grünen Innenhöfen

Die Zielsetzung für die Erneuerung der Siedlung hatte der Verein schon in seinem Forschungsantrag vorgestellt: Realisierbare bauliche Veränderungen sollten mit den BewohnerInnen zusammen durchgesetzt werden, ohne aber langfristige Vorstellungen von einer lebenswerten Wohnumgebung zu vergessen. Dabei war von Anfang an deutlich, daß eine Verbesserung der Situation für die BewohnerInnen schnell erforderlich war: Die Fluktuation in der Siedlung war zu Beginn der Arbeit sehr groß. Die sich daraus entwickelnde Anonymität war auch für viele der aktiven BewohnerInnen ein Grund wegzuziehen. Die Planungsberatung erfolgte auf unterschiedliche Weise:

Die BewohnerInnen, auch die Kinder, sollten ermutigt werden, Kritik und Vorschläge zu äußern, die dann durch eine "fachliche Übersetzung" im Rahmen der Planungsberatung konkretisiert wurden. Dazu dienten häufige Diskussionstreffen mit den Nutzerinnen im BewohnerInnen-Treff, teilweise auch in den Wohnungen einzelner Frauen. Die intensive Beteili-

Frauen gestalten Stadtviertel

gung der Bewohnerinnen ist besonders positiv verlaufen, weil es sich auf der Seite der Fachleute ebenfalls um Frauen handelte. So konnte von vornherein Verständnis für ihre Kritik vorausgesetzt werden. Eine Reihe von Anregungen wären sonst sicherlich erst gar nicht zur Sprache gekommen. Darüber hinaus wollten die Frauen des Vereins auch von sich aus Vorschläge erarbeiten und in besonders anschaulicher Form zur Diskussion stellen, denn die herkömmliche Form der Planrepräsentation ist in der Regel für Nicht-Fachleute schwer zu erfassen. Durch die verständliche Darstellung wurde die Auseinandersetzung mit den BewohnerInnen zu unterschiedlichen Verbesserungsvorschlägen sehr erleichtert.

Die folgenden Verbesserungen konnten im Rahmen des Modellprojekts erreicht werden. Sie beziehen sich im groben auf die Verbesserung der Alltagsbewältigung von Frauen sowie auch auf verbesserte Beschäftigungsmöglichkeiten für Kinder und Jugendliche:

– Schließung der extrem zugigen offenen Laubengänge in den Hochhäusern durch Glasverkleidungen,
– Umbau von Eingangsbereichen zur besseren Orientierung und Benutzbarkeit,
– Vergrößerung und Standardverbesserung an den Fahrstühlen, damit u.a. auch Kinderwagen problemlos mitgenommen werden können,
– Bau einer Mofa-Werkstatt und Aufbau eines Kinderbauernhofs,
– Anlage von Gärten,
– Umgestaltung von Innenhöfen (Spielplätze, Beleuchtung, Bepflanzung),
– Aufstellen von Bänken und Papierkörben,
– Bau von Terrassen vor ebenerdigen Gemeinschaftseinrichtungen.

Der Auftrag des Vereins endete Anfang des Jahres 1990. Die Mitarbeiterinnen ziehen aus ihrer Beratungstätigkeit in Kirchdorf-Süd folgende Konsequenzen:
Die Erneuerung von Großsiedlungen muß als Prozeß verstanden werden und nicht als von Fachleuten und Politikern fest verschnürtes Präsent. Unverzichtbarer Bestandteil dieses Prozesses muß die Auseinandersetzung mit den BewohnerInnen sein. Sie umfaßt die Bereitschaft des Fragens, Zuhörens, Akzeptierens, Beratens und Unterstützens. Frauen nutzen die Siedlung meist anders und intensiver als die dort wohnenden Männer und setzen daher andere Prioritäten. Da Frauen nicht ermutigt werden, ihre eigenen Wünsche wichtig zu nehmen und in der Öffentlichkeit mit Nachdruck zu vertreten, brauchen sie in diesem Prozeß eine besondere Unterstützung. Das alles setzt voraus, daß Sanierung, Erneuerung, Nachbesserung, oder wie immer es bezeichnet wird, sehr viel umfassender, vielfältiger verstanden und praktischer angepackt werden muß als bisher. Erfolge lassen sich nicht nur an den realisierten Maßnahmen oder in Statistiken ablesen, die in Glanzbroschüren präsentiert werden. Die Erneuerung muß sich auch im Umdenken, Dazulernen und im Umgang miteinander niederschlagen.

Literatur:
Barten, Ute u.a.: Hamburg, Kirchdorf-Süd, in: Bundesvereinigung Deutscher Heimstätten e.V., Reparatur der Großsiedlung, Heinrich-Vormbeck-Förderung 1985/1986.

Betzin, Gabriele/Heimfarth, Marianne/Pedersen, Margit: "Vorher war es mein Zuhause, jetzt ist es meine Heimat", in: RaumPlanung, Heft 44, Dortmund, März 1989.

Pedersen, Margit: "Frauenansichten über Großsiedlungen und deren Nachbesserung", in: Allers, Monika u.a. (Hginnen.), Frauen erneuern ihre Stadt, Tagungsreader, Hamburg 1989.

Pedersen, Margrit: Anwaltsplanung in Kirchdorf-Süd, in: Freiräume, Heft 2, Berlin 1986, S. 45-48.

Fotos:
Sofia Manti, Hamburg.
Marit Pedersen, Hamburg.

FRAUEN
PLANEN
BAUEN
WOHNEN

STADTTEILPLATZ-PLANUNG FÜR DIE SIEDLUNG BRÜCKENHOF IN KASSEL

Die Großsiedlung Brückenhof entstand 1966-1977 im Sozialen Wohnungsbau mit 1 900 Wohnungen für 4 500 Menschen. Kindergarten, Grundschule, Jugendzentrum, Hallenbad und Einkaufszentrum sind die wenigen Infrastruktureinrichtungen.

Im Westteil mit vier- bis achtgeschossiger Bauweise wohnen heute noch viele ErstbezieherInnen. In den 16geschossigen Häusern mit hohen Mieten im Ostteil hingegen ist die Fluktuation sehr groß; dort leben viele Arme, Alte, Alleinerziehende und AusländerInnen. Die 1985 insgesamt 250 leerstehenden Wohnungen betrafen hauptsächlich diesen Teil.

Aus diesem Grund wurden durch eine Befragung Wünsche und Probleme der BewohnerInnen ermittelt, aus denen die Wohnungsbaugesellschaft und die Stadt Kassel gemeinsam ein Bausteinkonzept zur Verbesserung der Lebensverhältnisse in der Siedlung entwickelten. Zu diesen Bausteinen gehörten: Verkehrsberuhigungsmaßnahmen, Verbesserung der Abstandsgrünfläche, Anlage von Mietergärten und die Anlage eines Stadtteilplatzes inklusive einer Aufwertung der sich anschließenden, schon bestehenden Ladenpassage und einer Neuordnung des fließenden und ruhenden Verkehrs in diesem Bereich.

Im Herbst 1987 beauftragte die Stadt zwei lokale Architekturbüros und die Planerinnengruppe Kassel*, Lösungsvorschläge für den Platz zu erarbeiten.

Die Planerinnengruppe bestand aus zwei Stadtplanerinnen, drei Landschaftsplanerinnen und einer Architektin. Ansatz für ihr Konzept war, entgegen der begrenzten Auftragsformulierung auf einen kleinen Siedlungsausschnitt, die Gesamtstruktur der Siedlung und die soziale Alltagssituation der Frauen, Kinder und Jugendlichen zu berücksichtigen. Um zu einer befriedigenden Problemlösung zu gelangen, war für die Frauen solch ein integrativer Ansatz notwendig, obwohl sie dadurch unbezahlte Mehrarbeit leisten mußten. Anlaufstelle für die Zusammenarbeit der Planerinnen mit den Bewohnerinnen war der Frauentreff in der Siedlung, der seit 1985 in Trägerschaft des Vereins für stadtteilbezogene Frauenbildung existiert. Die Bewohnerinnen wurden angehört und machten einen Frauen-Stadtteilspaziergang zur Erkundung des Ortes unter frauenspezifischen Gesichtspunkten. (Vgl. Hellmuth, 1989)

Die sich aus den zahlreichen Gesprächen ergebenden Planungsvorschläge umfassen die folgende Bereiche:

Fußwegenetz
Alle Einrichtungen der Siedlung werden so miteinander verbunden, daß Frauen und Kinder auf sicheren Wegen alltägliche Ziele erreichen können und in die benachbarten Stadtteile direkte Wegeverbindungen entstehen.

Straßenbahnlinienführung und Haltepunkt
Die Straßenbahnlinie wird durch die Siedlung und über den Stadtteilplatz geführt und die Haltestelle an den für die BewohnerInnen günstigsten Standort gelegt. Der Übergangshaltepunkt von Bus und Straßenbahn wird zur Erhöhung der sozialen Kontrolle auf den geplanten Stadtteilplatz verlegt.

Frauen gestalten Stadtviertel

"Mini-Parkanlagen"
Abstandsgrünflächen, die bisher von BewohnerInnen der Siedlung nicht in Besitz genommen wurden, werden als "Mini-Parkanlagen" umgestaltet. Bisher fehlten jegliche Wege.

Kleingartenanlage
Auf Flächen am Siedlungsrand wird ein Kleingartengürtel angelegt.

Stadtteilplatz
Um den neu zu gestaltenden Platz für FußgängerInnen, RadfahrerInnen und den öffentlichen Personennahverkehr besser nutzbar zu machen, wird der Kfz-Verkehr um das Zentrum herumgeführt. Die vorhandenen Läden werden optisch und ästhetisch aufgewertet. Ihre Eingangsbereiche sind nicht mehr zur Passage, sondern zu den Außenbereichen ausgerichtet. Zusätzliche Infrastruktureinrichtungen wie Café, öffentliche Veranstaltungsräume, Post und kleine Läden werden am nördlichen Rand des Platzes neu geplant. Die sich an den neuen Platz anschließenden, bereits bestehenden Gebäude sollen sich zum Platz hin öffnen, d.h. zum Beispiel Umbau der Erdgeschoßwohnungen in Arztpraxen, Gaststätten o.ä. Wichtig sind die Ansiedlung von Einrichtungen, die dazu beitragen, den Platz zu möglichst allen Tageszeiten zu beleben, und Gestaltungselemente, die die Identifikation mit und die Aufenthaltsqualität in dem Stadtteil erhöhen.

Der Entwurf fand sowohl bei den BewohnerInnen und Geschäftsleuten als auch bei der Stadt und der Wohnungsbaugesellschaft Zustimmung. Die Umsetzung der Planung sollte durch ein bereits 1988 von der Stadt eingerichtetes Stadtteilbüro begleitet werden. Doch die Realisierung gestaltete sich langwierig und schwierig. Die Stadt wird weitere Maßnahmen erst mit dem Neubau der Straßenbahnstrecke in Angriff nehmen. Die Wohnungsbaugesellschaft und die privaten Eigentümer warten zunächst ab oder sind nur an der Umsetzung einiger weniger Details aus dem im städtischen Auftrag entstandenen Konzept interessiert. Die erste Baumaßnahme im Sommer 1990 geht z.B. auf einen Privateigentümer zurück: Die Passage im nördlichen Eingangsbereich der Ladenzeile erhielt eine lichte Dachkonstruktion.
Die endgültige Realisierung der gesamten Planung wird noch ca. fünf Jahre brauchen. Dies ist ein für die BewohnerInnen unüberschaubar langer Zeitraum. Eine relativ schnelle Umsetzung von kleineren Projekten hat sich aus der guten Zusammenarbeit zwischen den Bewohnerinnen, der Planerinnengruppe und der (FOPA-) Mitarbeiterin aus dem Stadtteilladen ergeben. 1989 wurde die Fotoausstellung "Heimat Brückenhof – Frauenperspektiven eines Stadtteils" mit der Mädchengruppe des Jugendzentrums erstellt. Weitere Projekte waren die Bemalung des Sockelgeschosses am Hochhaus, in dem sich der Frauentreff befindet, sowie die Erstellung eines Beleuchtungskonzeptes für die Siedlung, das schrittweise realisiert wird. Der Ausbau einer Terrasse vor dem Frauentreff scheiterte an den Einwänden der Mitarbeiterinnen, nachdem es mehrere Einbrüche gegeben hatte.

* Seit 1987 FOPA e.V. Kassel.

Literatur:
Hellmuth, Elke/Wimmel, Hella: Brückenhof - Brückenhoffnung. Entwurf für einen Stadtteilplatz in einer Großsiedlung in Kassel, in: Freiräume, Heft 3, Dortmund 1989, S. 42-46.

Hellmuth, Elke: unveröffentlichtes Arbeitspapier, Kassel Oktober 1990.

Fotos:
FOPA e.V., Kassel.

FRAUEN
PLANEN
BAUEN
WOHNEN

STADTTEIL-PLANUNG IN ZWOLLE-SCHELLERBROEK, NIEDERLANDE

Bei diesem Projekt wurde auf Anregung der Stadtbaurätin Margriet Meindertsma erstmals in den Niederlanden der Versuch unternommen, feministische Planungstheorie an einem Neubauexperiment mit ca. 200 Wohnungen in konkrete Planungsprozesse umzusetzen. Inhaltlich umfaßt das Experiment sowohl Überlegungen zu emanzipatorischen Wohnungsgrundrissen als auch einen integrierten Ansatz zur gesamten Stadtteilplanung. Es wird von der Kommission für Experimente im Volkswohnungswesen (Stuurgroep Experimenten Volkshuisvesting, SEV) im Rahmen des Programms "Frauenemanzipation und Wohnungsbau" gefördert.

Aus den Ansprüchen, die BewohnerInnen gegenwärtig an ihre Wohn- und Lebensumgebung stellen, ergeben sich folgende Anforderungen an die Planung:

Für den städtebaulichen Entwurf:
– Eine Mischung der Funktionen Wohnen, Arbeiten und Freizeitbeschäftigung soll auf Stadtteilebene entwickelt werden.
– Soziale Sicherheit muß sowohl im Stadtteil als auch bei den Verbindungen des Viertels mit den übrigen Teilen der Stadt gewährleistet sein:
– Es soll eine gute Anbindung an öffentliche und private Verkehrsnetze geben.
– Die Grünanlagen des Stadtviertels sollen so gestaltet werden, daß sie zur aktiven Nutzung einladen.

Für den Entwurf der Wohnungen:
– Wohnungsgrundrisse müssen für jede Art von Haushaltstypen brauchbar sein, d.h. die Wohnungen müssen flexibel einzuteilen sein.
– Wichtige Elemente sind die Möglichkeit, einzelne Wohnungen miteinander zu verbinden (Türkopplung) und separat vermietbare Räume einzuplanen, die sich für die Arbeit im Haus, die gemeinschaftliche Kinderbetreuung und dergleichen eignen.

Planerische Grundlage für das Experiment ist ein bestehendes Strukturmodell für die Stadt Zwolle, das z.B. die Geschoßhöhen sowie die Anzahl und Einteilung der Wohnungen bereits stark festlegt. Das Projekt wird in Zusammenarbeit zwischen Verwaltung, Wohnungsbaugenossenschaft und kommerzieller Entwicklungsgesellschaft realisiert. Auf diese Rahmenbedingungen sowie auf das geringe Planungs-Budget und die zeitlichen Vorgaben konnten die Frauen keinen Einfluß nehmen. Sie mußten in den üblichen Verhandlungen ihre Interessen gegen die Interessen und Einflußmöglichkeiten der übrigen Verhandlungspartner durchsetzen.

Frauen gestalten Stadtviertel

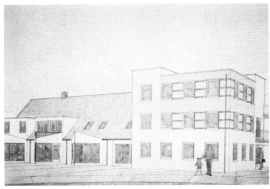

Das Experiment unterteilt sich in vier Stufen: Im ersten Schritt entwickelten Frauen aus den Bereichen Wohnungswesen, Architektur und Städtebau unter Einbeziehung gesellschaftlicher und demographischer Entwicklungen ein Programm mit Ansprüchen und Forderungen, das im Februar 1989 abgeschlossen wurde. Die Ergebnisse wurden in einer Publikation zusammengefaßt. Zeitgleich wurden als Auftraggeberinnen für die Mietwohnungen eine Wohnungsbaugesellschaft und für die Eigentumswohnungen eine Projektentwicklungsgesellschaft gefunden. Sie erstellten zusammen mit der Frauenberatungskommission (Vrouwen Advies Commissie, VAC) und einem Mitarbeiter der Gemeinde Zwolle das Förderungsprogramm.

In Einvernehmen mit den Auftraggeberinnen erhielten die Architektinnen Karina Benraad und Margreet Duinker den Auftrag, die Wohnungen zu entwerfen. Ein Team von Fachfrauen begleitete den Planungsprozeß. Der städtebauliche Plan wurde in Absprache mit einer Mitarbeiterin der Verwaltung erstellt. Mit der dritten Phase, dem Bau des Viertels, wurde Anfang 1990 begonnen. In einer vierten Phase soll das endgültige Resultat mit Hilfe einer BewohnerInnen- und BesucherInnenbefragung des Viertels untersucht und ausgewertet werden.

Zum gegenwärtigen Zeitpunkt muß die Frage offen bleiben, ob die realisierten Vorstellungen von einer frauengerechten Planung den Interessen der Bewohnerinnen entspricht und zur Schaffung besserer Lebensbedingungen für Frauen beitragen konnten. Aber auch wenn die Grundrisse und das Viertel nicht gänzlich anders gestaltet wurden als üblich, so wird von den an der Planung beteiligten Frauen davon ausgegangen, daß es positive Beispiele für eine vielfältige Gestaltung zeigen wird. Außerdem wird durch eine den gesamten Planungsprozeß begleitende Mitschrift verdeutlicht, welche Foraueninteressen aus welchen Gründen gegen andere Interessen nicht durchgesetzt werden konnten. Dies ist eine wichtige Grundlage für weitere Projekte in diesem Bereich.

Literatur:
Horst, Jenneke ter: "Schellerbroek, een programmma van eisen dat bouwt op de toekomst", Zwolle 1989.

Horst, Jenneke ter: Gesellschaftliche Veränderungen in Holland und deren Konsequenzen für den Wohnungsbau, in: FOPA e.V./Gesamthochschule Kassel: Platz nehmen oder Raum greifen, Kassel 1990, S. 36-43.

Stuurgroep Experimenten Volkshuisvesting: Experimentenbeschrijving, Rotterdam, Juli 1988.

FRAUEN
PLANEN
BAUEN
WOHNEN

FRAUEN FORDERN SICHERHEIT IM ÖFFENTLICHEN RAUM – STÄDTEBAULICHE UND PLANERISCHE MASSNAHMEN ZUR VERMINDERUNG VON GEWALT

In jeder Stadt, jedem Stadtteil und in jedem Siedlungsbereich gibt es dunkle und unübersichtliche Wege und Ecken, die insbesondere von Frauen gemieden werden: Parkhäuser, Tiefgaragen, Unterführungen, einsame, schlecht beleuchtete Bahnhöfe, Haltestellen und Straßen, unübersichtliche Parkanlagen und Wegführungen, monofunktionale Bereiche wie Gewerbegebiete und anderes mehr. Sie wirken bedrohlich, und häufig sind sie Orte von Gewalttaten. Belebte Straßen, Orte mit vielfältigen Funktionen bieten zu unterschiedlichen Tageszeiten eine größere Öffentlichkeit und Aufmerksamkeit für das Geschehen und damit mehr Sicherheit. Mit einer sinnvollen Gestaltung des öffentlichen Raums, d.h. mit städtebaulichen und planerischen Maßnahmen, kann die Qualität und Sicherheit von Orten verbessert werden. (Vgl. Siemonsen/Zauke, 1991)

Die Auseinandersetzung um die Erhöhung der Sicherheit im öffentlichen Raum steht in der Bundesrepublik noch am Anfang. Oft waren Tiefgaragen und Parkhäuser Ansatzstellen für Gleichstellungsbeauftragte, Verbesserungen zugunsten von Frauen einzufordern und durchzusetzen. Inzwischen wurden z.B. in Köln erste Checklisten für sichere Haltestellen und U-Bahnhöfe unter Federführung des Frauenbüros und in Hannover durch die Frauenbeauftragte eines regionalen Planungsverbandes (Großraum Hannover) erstellt. Das Frauenbüro der Stadt Mainz veröffentlichte Kriterien für die Sicherheit in Parkhäusern und Tiefgaragen. In Berlin wurden eine innerstädtische Parkanlage begutachtet und Vorschläge für gestalterische Veränderungen erarbeitet. In Zusammenarbeit mit dem Bezirksamt Kreuzberg entstand ein Gutachten über den städtischen Außenraum Kreuzbergs, in dem sichere und unsichere Orte dokumentiert werden. Im Rahmen der Internationalen Bauausstellung Emscher Park soll bei den Neuplanungen der Bahnhöfe und ihrer Umgebung entlang der Köln-Mindener-Eisenbahnlinie auch der Aspekt der Sicherheit für Frauen berücksichtigt werden.

Allen genannten Ansätzen ist gemeinsam, daß sie Problembereiche und Chancen zu Veränderungen aufzeigen. Der Schritt zur Umsetzung und Verbesserung der begutachteten räumlichen Situationen ist bislang nur bei Tiefgaragen und Parkhäusern vollzogen worden. Hier gibt es sowohl Veränderungen bestehender Einrichtungen als auch die Einbeziehung der von Frauen aufgestellten Kriterien bei Neuplanungen. Der Handlungsbedarf in den Kommunen ist noch erheblich, und dies erfordert ein Zusammenspiel von Expertinnen, Gleichstellungsbeauftragten und (kommunalen/regionalen) Planungsverwaltungen.

Vorbild hierfür könnten die Niederlande sein, wo die Diskussion um Sicherheit im öffentlichen Raum seit Jahren geführt wird und beispielhafte Lösungen bereits umgesetzt sind. 1984 startete der Verein Frauen Bauen Wohnen (Stichting Vrouwen Bouwen & Wonen, SVBW) in den Niederlanden auf Anregung verschiedener Frauengruppen das Projekt "Bui-

Frauen fordern Sicherheit

ten gewoon veilig" (direkt übersetzt: Gebautes gewinnt Sicherheit*) zum Thema Sicherheit im öffentlichen Raum. Im Niederländischen wird für das Projekt auch der Begriff "Soziale Sicherheit" (sociale veiligheid) benutzt. Hiermit sind in der Bundesrepublik allerdings andere Inhalte verknüpft (soziale Absicherung, z.B. Sozialhilfe) so daß die Übersetzung mit "Sicherheit im öffentlichen Raum" eindeutiger ist. Das Projekt knüpft an die Themen Gewalt im öffentlichen Raum bzw. das Recht auf Unversehrtheit an. Es wurden erste Kriterien zur Bewertung städtebaulicher Situationen entwickelt und eine landesweite Diskussion in Gang gesetzt. Weithin Beachtung fanden 1987 der Kongreß "Buiten Gewoon Veilig" und eine im gleichen Jahr unter dem gleichen Titel herausgegebene Veröffentlichung. Dieses Handbuch, vom Büro Zijaanzicht** erstellt, enthält eine umfangreiche Kriterienliste, die sich wie ein Prüfkatalog zur Bewertung von Plänen und öffentlichen Räumen handhaben läßt.***

Um den Gemeindeverwaltungen einen konkreten Anreiz zu geben, das Thema Sicherheit im öffentlichen Raum aufzugreifen, wurde ein Wettbewerb ins Leben gerufen und der Buiten-Gewoon-Veilig-Preis ausgesetzt. Mit diesem Preis werden Gemeinden prämiert, die die Sicherheit im öffentlichen Raum beispielhaft verbessern. Es gelang dem Verein, das Ministerium für Inneres und Justiz in den Wettbewerb mit einzubeziehen. Das Ministerium stellt ein Mitglied in der Jury und gibt 50 000 Gulden als Preisgeld für die GewinnerInnen. Weitere 50 000 Gulden stiftet ein Wirtschaftsunternehmen. Dieses Unternehmen ist beim zweiten Wettbewerb dazu übergegangen, das Preisgeld als Sachspende in Form von Beleuchtungskörpern zu vergeben. SVBW begrüßt dies als eine inhaltliche Auseinandersetzung mit dem Thema.

Bislang hat es zwei Wettbewerbe und Preisverleihungen gegeben: 1987 an die Gemeinde Leiden, 1988 an Utrecht. Im Herbst 1991 werden die Ergebnisse der dritten Ausschreibung gezeigt.

Nicht zuletzt durch das öffentlichkeitswirksame Engagement des Vereins ist die Sicherheit im öffentlichen Raum zu einem Thema geworden, das breit diskutiert wird und inzwischen innerhalb von Planungsverfahren Berücksichtigung findet.

Die in diesem Abschnitt vorgestellten Beispiele betreffen Erneuerungsmaßnahmen eines Betriebsgeländes und eines Bahnhofsgebiets in den Niederlanden. Beide Projekte zeichnen sich dadurch aus, daß dem Aspekt der Sicherheit Priorität eingeräumt wurde.

---

* "Buiten gewoon veilig" sagt mehr aus. Es geht nicht nur um Gebautes, sondern auch um Nicht-Bebautes. Gemeint ist, daß es draußen sicher sein soll, also auch in Grünflächen. Außerdem ist in dem Namen noch ein Wortspiel enthalten: Wenn die ersten beiden Worte schnell hintereinander gesprochen werden "buitengewoon", heißt es im Niederländischen "außergewöhnlich".

** Zijansicht ist das niederländische Wort für "Seitenansicht"; "zij" bedeutet sowohl "Seite" als auch "sie". Zijaanzicht ist ein Büro von Landschafts- und Gartenplanerinnen mit Sitz in Wageningen. Inhaltlicher Schwerpunkt ist die Thematisierung der Sicherheit im öffentlichen Raum.

*** Die Kriterienliste ist in der Publikation von Siemonsen/Zauke, Zürich-Dortmund 1991, übersetzt.

Literatur:

Frauenbüro der Stadt Mainz: Kriterien für die Sicherheit in Parkhäusern und Tiefgaragen, in: Arbeitskreis Gewalt gegen Frauen in Mainz (Hg.): Gegen unseren Willen. Öffentlichkeitsaktion und Ausstellung zum Thema "Gewalt gegen Frauen", Mainz 1990, S.110.

Müller, Gudrun: Die Situation der Bedrohung von Frauen - eine ausgewählte Studie für Wiesbaden, Feministisches Interdisziplinäres Forschungsinstitut, im Auftrag der Frauenbeauftragten beim Oberbürgermeister, Wiesbaden, Juli 1987.

Rau, Petra (Hgin.): Die alltägliche Gewalt der Stadt. Frauen im Außenraum Kreuzbergs, Arbeitsberichte des Verkehrswesenseminars, Technische Universität Berlin, Bd. 2, Berlin 1989.

Rau, Petra (Hgin.): Städtische Infrastruktur und Gewalt gegen Frauen - Der Park Tiergarten, Arbeitsberichte des Verkehrswesenseminars, Technische Universität Berlin, Bd. 1, Berlin 1989.

Siemonson, Kerstin/Zauke, Gabriele: Sicherheit im öffentlichen Raum. Städtebauliche und planerische Maßnahmen zur Verhinderung von Gewalt, Zürich-Dortmund 1991.

Zweckverband Großraum Hannover, Gleichstellungsbeauftragte: Frauen im (öffentlichen) Personennahverkehr, unveröffentlichtes Manuskript, Hannover Mai 1990.

FRAUEN
PLANEN
BAUEN
WOHNEN

UMGESTALTUNG DES BAHNHOF-GEBIETS IN LEIDEN, NIEDERLANDE

Der Leidener Bahnhof wurde 1843 fertiggestellt. Von Beginn an war er wegen seiner "Gesichtslosigkeit" ein Ärgernis – ebenso der Neubau aus dem Jahre 1956. Die Bahnverwaltung beschloß daher, bis zum Jubiläumsjahr 1993 einen neuen, ansprechenden Bahnhof mit einer gläsernen Fassade zu errichten. Die positive Veränderung, die mit der Neugestaltung des Bahnhofs erwartet wird, veranlaßte die Gemeinde, selbst aktiv zu werden und Pläne für eine Verbesserung des Bahnhofumfelds zu entwickeln.
Ein anderer Aspekt – der im Zusammenhang mit der geplanten Umgestaltung des Leidener Bahnhofgebiets eine wichtige Rolle spielt – ist die Sicherheit im öffentlichen Raum, für die sich die Gemeinde schon seit längerem einsetzt.
1982/1983 wurde dieser Aspekt unter dem Begriff "Frauenfreundlichkeit" bei der Umgestaltung einer Ausfallstraße diskutiert. 1985 demonstrierte eine Frauengruppe mit der sogenannten "Aktion Heckenschere"* gegen die Unsicherheit auf den Straßen. Die Gemeinde reagierte mit der Bereitstellung von 150 000 Gulden und verabschiedete 1986 eine Richtlinie "Sicherheit auf der Straße". Diese Richtlinie bot die Grundlage für die Beteiligung der Kommune an dem Buiten-Gewoon-Veilig-Preis des Vereins Frauen Bauen und Wohnen (Stichting Vrouwen Bouwen & Wonen, SVBW). Mit ihren Vorstellungen zur Umgestaltung des Leidener Bahnhofbereichs ging die Gemeinde als Siegerin aus dem ersten Wettbewerb hervor. Der Gewinn von 100 000 Gulden wurde dafür genutzt, diese Pläne im Rahmen einer umfassenden Studie zu vertiefen und konkret umzusetzen. Mit der Untersuchung beauftragte die Gemeinde das Büro Zijaanzicht.

Zijaanzicht hat für das Leidener Bahnhofsgebiet – ein Bereich mit einer Vielzahl öffentlicher Einrichtungen und viel Publikumsverkehr – eine Bestandsaufnahme unter dem Gesichtspunkt der "Sicherheit" durchgeführt. Dazu wurden neben Beobachtungen und Begehungen die Bedürfnisse insbesondere der Frauen durch Befragungen ermittelt. Mehr als die Hälfte der NutzerInnen fühlte sich in der Umgebung des Bahnhofs nicht sicher. Viele von ihnen hatten bereits selbst Gewalttätigkeiten erlitten. Problematisch war die Erreichbarkeit des Bahnhofs vor allem für FußgängerInnen und RadfahrerInnen, so daß die Schaffung sicherer Verbindungen für diese VerkehrsteilnehmerInnen zu einem zentralen Anliegen wurde.

Es kristallisierten sich drei besonders unsichere Orte heraus: die Houtlaan, der Shipholweg und der Stationsweg. Es wur-

Stichting Vrouwen Bouwen & Wonen
(Verein Frauen Bauen und Wohnen) in Rotterdam, Niederlande

Ihren Ursprung hat Vrouwen Bouwen & Wonen (SVBW) bereits in den 70er Jahren. Im Zuge der Frauenbewegung wuchs auch das Interesse am Bau- und Planungsbereich. Es wurde deutlich, daß Gewalt gegen Frauen auch durch städtebauliche und planerische Maßnahmen begünstigt wird. Die ersten Arbeits- und Aktionsgruppen zu diesem Thema bestanden aus Frauen des Universitätsbereichs, die Einfluß auf die Planung und Gestaltung der gebauten Umwelt nehmen und Benachteiligungen für Frauen auf diesem Gebiet aufheben wollten. Durch verschiedene Tagungen und Treffen erweiterte sich der Kreis der interessierten Planerinnen und Architektinnen immer mehr zu einer SVBW-Initiative. Anläßlich eines Treffens 1982 wurde die Notwendigkeit der Etablierung einer landesweiten Koordinationsstelle deutlich. Ein Jahr später wurde der Verein Vrouwen Bouwen & Wonen in Rotterdam gegründet, um eine kontinuierliche, inhaltliche Zusammenarbeit zu gewährleisten.
Bis zu diesem Zeitpunkt waren Regierungssubventionen, Wirtschaftssponsoren oder Kommerzialisierung innerhalb der SVBW-Initiative kein Thema gewesen. Erst die Gründung des Vereins und die Notwendigkeit einer kontinuierlichen Arbeit durch Baufachfrauen führte zu Forderungen an die Regierung nach finanzieller Unterstützung. Anfängliche Vorverhandlungen blieben ergebnislos, da staatlicherseits keine Notwendigkeit zur Einrichtung einer Koordinationsstelle bestand. Erst nach einem 1983 durchgeführten Kongreß des Vereins, an dem 650 Frauen teilnahmen, konnten die Verhandlungen erfolgversprechend weitergeführt werden.
Die Grundfinanzierung von SVBW wurde ab 1985 von der Direktion koordinierender Emanzipationsentwicklung (Directoraat Coordinatie Emancipatiezaken, DCE) und ab 1987 auch vom Ministerium für Wohnungsversorgung, räumliche Planung und Umweltschutz (Volkshuisvesting, Ruimtelyke Ordening en Milieu, VROM) übernommen. Daraufhin konnten fünf Teilzeitstellen eingerichtet werden. Da die Subventionen allerdings jeweils nur für einen relativ kurzen Zeitraum von ein bis drei Jahren bewilligt sind, muß ein großer Teil der Arbeitszeit für die Durchsetzung der weiteren Finanzierung verwandt werden. Um diesen Mißstand zu vermeiden, wird der Versuch einer stärkeren Kommerzialisierung unternommen (z.B. Erstellung von Gutachten für staatliche Stellen, Wohnungsbauunternehmen usw.). Unklar ist, inwieweit bei einer solchen Entwicklung die Non-Profit-Dienstleistungen (Zeitschrift, Beratung) aufrecht erhalten werden können.
1985 wurde im Bauzentrum Rotter-

Frauen fordern Sicherheit

dam das Büro der Stiftung eröffnet. Die räumliche Nähe zu den hier angesiedelten Verwaltungsstellen, die im Bereich Bauen und Wohnen tätig sind, erleichtert die Zusammenarbeit. Dies verdeutlicht auch die Arbeitsweise der Stiftung: Sie wird zwar von den verschiedenen Frauen und Frauengruppen – ohne daß diese Mitglied sein müssen – getragen und versteht sich in erster Linie als deren Koordinationsstelle (Netzwerk). Um das gesellschaftliche Bewußtsein der besonders negativen Auswirkungen der baulich-räumlichen Gegebenheiten auf Frauen zu wecken, bezieht sich der Netzwerkgedanke aber auch auf die Herstellung und Pflege von Kontakten zu politischen und administrativen Stellen, d.h. die Durchsetzungsstrategie der Stiftung ist die Politik der kleinen, vielfältigen Schritte. Hierbei wird besonders auf eine gute Öffentlichkeitsarbeit gesetzt. "Klinker", die Zeitschrift der Stiftung, erscheint alle zwei Monate. Sie ist ein wichtiges strategisches Instrument, mit dessen Hilfe Informationen und Inhalte breit gestreut werden. Kleinere, lokal engagierte Frauengruppen können durch Kooperationsaufrufe weitere Frauen für eine Mitarbeit an Themen und Projekten gewinnen. Damit wird ihre Isolation aufgehoben, und die Durchsetzungschancen ihrer Forderungen steigen.

Auch bei der Durchführung innovativer Projekte, häufig in Zusammenarbeit mit anderen TrägerInnen, wird auf gute Pressearbeit gesetzt. Außerdem werden Forschungsergebnisse publiziert. Ebenso ist das erfolgreiche Einmischen der Stiftung in politische und administrative Entscheidungsprozesse – auf lokaler und nationaler Ebene – ohne Zusammenarbeit mit den Medien nicht denkbar.

Es wird deutlich, daß das Hauptziel einer Netzwerk-Koordinationsstelle nicht die Durchführung möglichst vieler spektakulärer Projekte sein kann. Diese Arbeiten führen – initiiert und unterstützt durch die Stiftung – eher lokale Gruppierungen oder andere TrägerInnen, auch öffentliche, unter deren Namen durch. Die Stärke der Stiftung sind weniger die konkreten Ergebnisse als die Sensibilisierung und Bewußtseinsbildung. In welcher Weise sich die Wohn- und Umweltbedingungen auf die geschlechtsspezifische Arbeitsteilung, das Rollenverhalten und die Familienideologie auswirken und wie Veränderungen zugunsten von Frauen erreichbar sind, diese Zusammenhänge öffentlich zu machen, ist ein wichtiges Verdienst von SVBW.

Es ist zu hoffen, daß ihr Anliegen auch weiterhin mit staatlichen Mitteln unterstützt wird und sich das Koordinationsbüro nicht nur zu einem kommerziellen Frauenplanungsbüro entwickeln muß.

den genauere Untersuchungen vorgenommen und für die genannten Straßen Verbesserungspläne erarbeitet, in denen die Kriterien der Sicherheit im öffentlichen Raum Beachtung fanden:

1. Houtlaan

Die Houtlaan liegt nördlich des Bahnhofs und stellt eine wichtige Verbindung zwischen Bahnhof und Diakoniekrankenhaus dar. Sie grenzt an den Leidener Stadtwald, ist schlecht beleuchtet, weist keine Wohnbebauung auf und liegt abends verlassen. Die Kriminalitätsdelikte reichen von Handtaschendiebstahl bis zu Vergewaltigungen. Die verschiedenen Maßnahmen zur Verbesserung der bestehenden Situation umfassen das Krankenhausgelände und den Eingangsbereich zum Stadtwald. Für die Umgebung des Krankenhauses wurde der Bau von Wohnungen zur Erhöhung der Belebtheit und der sozialen Kontrolle vorgeschlagen. Die Parkplätze, die Bushaltestelle und der Eingang zum Park wurden übersichtlicher gestaltet.

2. Schipholweg

Beim Schipholweg handelt es sich um eine wichtige überörtliche Verbindung zwischen Innenstadt und Bahnhof, eine breite Straße mit Verwaltungsgebäuden, die abends unbelebt und verlassen ist. Kriminelle Übergriffe geschehen hier kaum, wohl aber deshalb, weil die Straße von FußgängerInnen und RadfahrerInnen wenig genutzt wird. Um die Benutzung des Schipholwegs zu fördern, sind folgende Veränderungen geplant:
– Der überörtliche Kfz-Verkehr soll in Tunnellage geführt werden.
– Der Radweg für beide Fahrtrichtungen wird an die Nordseite des Schipholwegs verlegt. Damit wird dieser Bereich belebter und das Gefühl der Sicherheit größer. Geh- und Radweg, durch Torbögen überspannt, sind so auch optisch zu einer Einheit zusammengefaßt.
– Das ungenutzte Grundstück nördlich des Schipholwegs soll mit Verwaltungsgebäuden bebaut werden, deren Eingangsbereiche und Pförtnerlogen eindeutig zur Straße ausgerichtet sind. Dadurch wird die soziale Kontrolle erhöht, und es entstehen Sichtkontakte zur Straße.

3. Stationsweg

Der Stationsweg führt, von Süden kommend, direkt auf den Bahnhof zu. Das Image dieser Straße ist sehr schlecht. Der Aufenthalt "zwielichtiger Gestalten" sowie die Ansiedlung von Vergnügungsstätten führte zu einer hohen Kriminalitätsrate. PassantInnen fühlen sich dort unsicher. Das Maßnahmepaket zur Umgestaltung des Stationswegs ist sehr umfangreich: Im Bahnhofsgebiet wurden ausreichend breite und übersichtliche FußgängerInnenrouten vorgese-

---

Literatur zu Stichting Vrouwen Bouwen & Wonen:

Kimmenade, Gonneke van de: Die Stichting Vrouwen Bouwen, unveröffentliches Manuskript der Rede auf der Tagung "Einflußnahme von Frauen auf Planen und Bauen" an der Technischen Universität Hamburg-Harburg am 15./16.11.1990.

Siemonsen, Kerstin: Von einer Aktionsgruppe zu einem kommerziellen Ratgeber, in: Freiräume, Heft 3, Dortmund 1989, S. 67-70.

Siemonson, Kerstin: Stiftung Frauen Bauen Wohnen, Übersetzung eines Faltblattes, in: RaumPlanung, Heft 45, Dortmund 1989, S. 138 f.

FRAUEN PLANEN BAUEN WOHNEN

BÜRO VAN LANDSCHAPSARCHITEKTES   Postbus 511 6700 AM Wageningen N L

ZIJAANZICHT

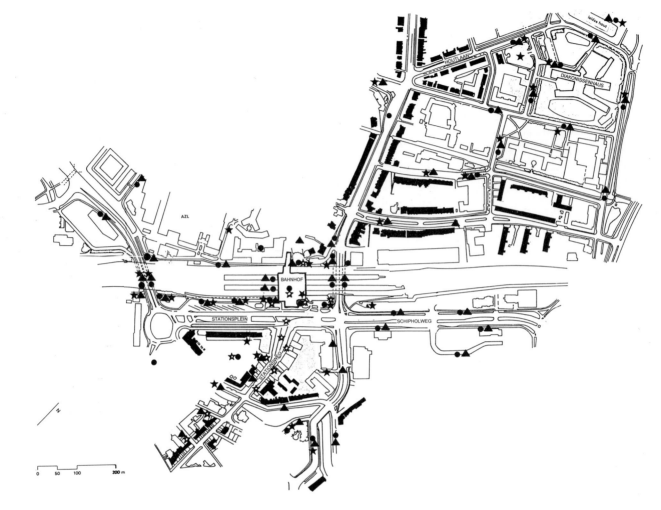

hen, um die Sicherheit zu erhöhen. Durch die Verbannung des Autoverkehrs unter die Erde im Bereich vor dem Bahnhof wird oberirdisch eine direkte Verbindung für RadfahrerInnen und FußgängerInnen vom Bahnhof zur Stadt geschaffen. Ein geräumiger Vorplatz bietet Übersichtlichkeit. Radverkehrs- und FußgängerInnenrouten werden entlang der Bebauung geführt, so daß die NutzerInnen von den Wohnungen aus gesehen werden können. Der Busbahnhof wird verlagert und vom Bahnhof aus einsehbar sein. Ein über bauliche Maßnahmen hinausgehender Vorschlag sieht Nutzungsvielfalt in den Erdgeschossen der Gebäude vor, um den Ort stärker zu beleben.

Die Planungen und Aktivitäten des Büros Zijansicht haben nicht nur die Umgestaltung des Bahnhofsbereichs bewirkt, sondern auch, daß eine Koordinatorin für Fragen der Sicherheit im öffentlichen Raum von der Gemeinde angestellt wurde.

* Sie stutzten an unübersichtlichen Orten Hecken und Büsche, wodurch die Einsehbarkeit und damit die Sicherheit erhöht wurde.

▲ *dunkel, schlecht beleuchtet*

● *still, verlassen*

★ *unübersichtlich wegen Ecken und Bepflanzung*

 unangenehmes Publikum

■ *Wohnungen*

Literatur:
Büro Zijaanzicht: "Het sein op groen"- "Buiten gewoon veilig naar het nieuwe Leidse station", Arnheim 1989.

"Het sein op groen voor het nieuwe Leidse station", in: Werken aan sociale veiligheid - een kwestie van kijken en kiezen, Stichting Landelijk Contact van de Vrouwen Advies Commissies voor de woningbouw, Utrecht 1990, S. 16 f.

Plan:
Büro Zijaansicht, Wageningen.

Frauen fordern Sicherheit

GESTALTUNG EINES BETRIEBSGELÄNDES DER GASWERKE ZWOLLE (GAZO) IN ZWOLLE, NIEDERLANDE

Die Erhöhung der Sicherheit im öffentlichen Raum in Gewerbegebieten wird am Entwurf des Büros Zijaanzicht für das Betriebsgelände der Gaswerke Zwolle dargestellt. Bei diesem Beispiel geht es um die Nachbesserung eines Betriebsgeländes, das 1973 als letzter Bauabschnitt in dem größeren Industriegebiet de vrolijkheid (die Fröhlichkeit) realisiert wurde. Das Gebiet liegt an der Verbindungsstraße zwischen dem Zentrum von Zwolle und Berkum, einem Flachbauviertel aus der Nachkriegszeit. Für die BenutzerInnen dieser wichtigen Verkehrsroute ist das Sicherheitsgefühl abhängig von der Überschaubarkeit und dem Erscheinungsbild der Betriebe; für KundInnen muß es darüber hinaus auch repräsentativ sein.
Die Anforderungen an die Nachbesserung bezogen sich auf folgende Aspekte:
– Neugestaltung der Zugänge zum Betriebsgelände;
– Neuplanung von 60 Parkplätzen für Angestellte, 60 Firmenwagen und 15 Parkplätzen für BesucherInnen;
– Unterbringung eines Freiluftlagers;
– Erschließung von Bürogebäude und drei Lagerhallen für den Schwerlastverkehr;
– Erneuerung der Beleuchtung;
– Installierung von Überwachungskameras.

Im Entwurfsprozeß wurden die Wünsche und Anforderungen der BenutzerInnen miteinbezogen. Als Ergebnis kristallisierte sich heraus, daß Freiluftlager, Parkplätze, Bäume und Beleuchtung eine übersichtliche Einheit bilden sollten.

Das Gelände umfaßt drei Hektar Grundfläche. Die Vorder- und Rückseite sollen entsprechend den unterschiedlichen Anforderungen gestaltet und zu einer multifunktionalen räumlichen Einheit zusammengelegt werden. Die Vorderseite erhält durch Bepflanzung und Beleuchtung einen repräsentativen Charakter. Die Rückseite ist funktional mit Parkmöglichkeiten unter begrüntem Dach. Der Winkel, den das Hauptgebäude mit der Straße bildet, wird Gestaltungselement für den Entwurf. Die Richtung des Hauptgebäudes wiederholt sich in den Baumreihen, die das Terrain gliedern und die Parkplätze strukturieren. Als robuste Baumart wurde die Eichenart Quercus palustris gewählt. Die Straße entlang der Gebäude wird fünf Meter breit und auf der gesamten Länge von mindestens einem Gehweg begleitet, der sich in Farbe und Material von der Straße abhebt. So sind die Funktionen eindeutig ablesbar. Der Entwurf ist schlicht und funktionell.

Das Büros Zijaanzicht übernahm neben der Planung auch die Bauleitung. Ein gute Phaseneinteilung minimierte Behinderungen auf dem Betriebsgelände durch Bauarbeiten. Heute wird die ansonsten negative Ausstrahlung des Industriegebiets de vrolijkheid durch das Erscheinungsbild des GAZO-Geländes aufgewertet. Kein Zaun, keine Mauer, kein Stacheldraht, statt dessen eine einladende Atmosphäre.

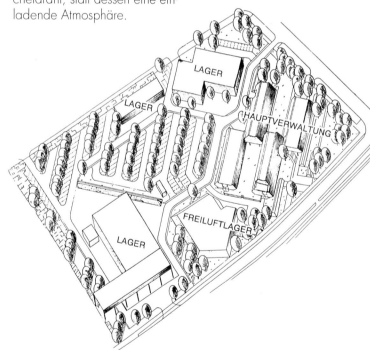

Literatur:
Zijaanzicht: Infoblatt GAZO in Betrieb, Wageningen o.J.

Plan:
Büro Zijaansicht, Wageningen.

FRAUEN
PLANEN
BAUEN
WOHNEN

FRAUEN REALISIEREN PROJEKTE INNERHALB DER INTERNATIONALEN BAUAUSSTELLUNG EMSCHER PARK

"Mehr Einfluß von Frauen auf dem Gebiet von Planen und Bauen im Rahmen der IBA" – dieses Ziel wird seit Bekanntwerden der Internationalen Bauausstellung Emscher Park von zahlreichen (Fach-)Frauen aus dem Emscherraum verfolgt. Sie mischen sich mit ihren Forderungen und ihrem Wissen in Planungsprozesse der IBA ein, entwickeln eigene Projektideen und arbeiten an deren Realisierung.

Mit gleicher Zielsetzung konstituierte sich im Frühjahr 1989 der Arbeitskreis Frauen und IBA: ein Zusammenschluß von kommunalen Frauenbeauftragten, Vertreterinnen und Initiatorinnen von Frauenprojekten/-vereinen sowie Planerinnen und Architektinnen der FOPA e.V., Dortmund. Gemeinsam mit VertreterInnen der IBA-Planungsgesellschaft werden in regelmäßigen Gesprächsterminen frauenspezifische Forderungen an die Erneuerung der Emscherregion diskutiert.

In vielen Kommunen eröffnete sich den Frauenbeauftragten durch die gegenseitige Unterstützung innerhalb des Arbeitskreises ein Weg, sich innerhalb örtlicher Bauausstellungsvorhaben zu engagieren, Gehör zu finden für eigene Projektideen und diese verwaltungsintern umzusetzen.

Das besondere Interesse des Arbeitskreises gilt den Projekten, die ausschließlich oder überwiegend Frauen als Nutzerinnen im Blickfeld haben. Im Laufe der über zweijährigen Arbeit sind eine Reihe von Projekten initiiert und weiterentwickelt worden, von denen einige Beispiele im Anschluß vorgestellt werden.

Frauen-Projekte in der IBA-Emscher Park

Die vom Arbeitskreis entwickelten "Prüfkriterien", die auch an die übrigen Projektvorhaben der IBA angelegt werden sollten, beziehen sich neben den Inhalten auf die Beteiligungsprozesse von Nutzerinnen bei Wohn-, Beschäftigungs-, Kultur- und Freizeitprojekten sowie auf die Umnutzung ehemaliger Industriegebäude für Frauenprojekte. Sie benennen neu definierte architektonische und planerische Prinzipien zur Einbindung der Bauvorhaben in den Stadtteil bzw. in die gesamtstädtische Entwicklung mit dem Ziel der Funktionsmischung und des Angebots von Räumen für Frauen als Bestandteil jeder Stadt(-teil)entwicklungsplanung. Bei der Gestaltung von Innen- und Außenräumen hat die Vermeidung von Angsträumen Vorrang. Zugleich sollen diese Räume einen hohen Gebrauchswert für Frauen haben und die eigentumsrechtlichen Regelungen ihre Aneignung erleichtern.

Die IBA Emscher Park selbst bezeichnet die Beteiligung von Frauen inzwischen als Ziel, das 'querschnittsorientiert' bei allen Projekten der Emscher Park Bauausstellung angestrebt wird. Dazu gehören die Einbindung von Architektinnen, Planerinnen und Politikerinnen in die IBA-Planungsprozesse. Außerdem wird versucht, Mieterinnen und Bürgerinnen frühzeitig bei den Planungen von Wohnungs- und Modernisierungsprojekten einzubeziehen. Bei den hier vorgestellten modellhaften Frauen-, Wohn- und Beschäftigungsprojekten in Bergkamen, Bottrop, Oberhausen und Recklinghausen-Süd fand die Verwirklichung der oben genannten Ziele in besonderem Maße Beachtung.

Teilnehmerinnen des Arbeitskreises "Frauen und IBA"

Foto:
IBA Emscher Park, Georg Anschütz.

FRAUEN
PLANEN
BAUEN
WOHNEN

Modell des 1.Preises

WOHNUNGS-BAUPROJEKT IN BERGKAMEN

"Der konventionelle Wohnungsbau berücksichtigt nur mangelhaft die Wohnbedürfnisse von Frauen innerhalb der Familie, im unabhängigen Haushalt, in besonderen gesellschaftlichen Situationen sowie Wohn- und Lebensgemeinschaften. Auf einer Baulücke in Bergkamen soll eine mit öffentlichen Mitteln geförderte kleine Wohnanlage entstehen, die bislang schematisch überzeichnete Wohnungsgrundrißlösungen zugunsten flexibler, individuell und gemeinschaftlich nutzbarer Raumangebote ablöst.

Explizites Ziel der Wettbewerbsaufgabe wird es sein, die von Frauen formulierte Kritik am Wohnungsbau aufzunehmen und die Wohnungen ausschließlich von Frauen mit Nutzerinnenbeteiligung zu planen und zu realisieren.

Das Wohnungsgemenge soll sowohl örtliche Defizite bei der Wohnraumversorgung von Frauen in bestimmten Lebenssituationen berücksichtigen als auch ganz gewöhnlichen Familien Raum bieten." (IBA Emscher Park, 1990)

Mit dieser Zielsetzung stellten die Stadt Bergkamen und die Wohnungsgenossenschaft Lünen einen Projektantrag, den die IBA für unterstützenswert hielt. Er wird jetzt realisiert und ergänzt das IBA-Projekt "Stadtmittebildung Bergkamen". Zustandegekommen ist das Projekt auf Initiative und Betreiben der Frauenbeauftragten der Stadt Bergkamen, die sich aktiv am Arbeitskreis Frauen und IBA beteiligt. Das Vorhaben wurde von Beginn an von einer örtlichen Arbeitsgruppe begleitet, die sich zusammensetzte aus Fachfrauen der Bergkamener Stadtverwaltung, der städtischen Gleichstellungsbeauftragten, Vertreterinnen des Bauträgers und der IBA GmbH sowie beratenden Architektinnen.
Im Vorfeld wurde der Feministischen Organisation von Planerinnen und Architektinnen (FOPA) e.V. Dortmund der Auftrag erteilt, potentielle Nutzerinnengruppen zu befragen, um deren spezifische Anforderungen an ein solches Wohnungsbauprojekt zu ermitteln.

Das Ausschreibungsverfahren für das Projekt "Frauen planen Wohnungen" sah die Durchführung eines städtebaulichen Realisierungswettbewerbs vor, an dem sich ausschließlich Architektinnen beteiligen konnten. Die Organisation des Wettbewerbs wurde einer Architektin mit Erfahrungen aus der Internationalen Bauausstellung Berlin übertragen.

Die Aufgabenstellung lautete: "Dieser Wettbewerb will besonderes Augenmerk auf die Grundrißgestaltung der öffentlich geförderten Wohnungen legen, verbunden mit beispielhaften Qualitätsansprüchen an die Freiraumgestaltung der Wohnumgebung und darüber hinaus an stadträumliche Bezüge innerhalb der Innenstadtentwicklung Bergkamens." (Stadt Bergkamen/IBA Emscher Park 1990, S. 18)

Für unterschiedliche Lebensformen sollen Wohnmöglichkeiten angeboten werden: ältere Menschen, Mehr-Generationen-Haushalte, Wohngemeinschaften, allein lebende Erwachsene mit und ohne Kinder sowie für heranwachsende Jugendliche in Verbindung mit der elterlichen Wohnung. Es sollten Lösungen entwickelt werden für
– die städtebauliche Gestaltung des Grundstücks, das mit ca. 30 zu planenden Wohnungen einen Verknüpfungspunkt zwischen zwei Innenstadtbereichen Bergkamens bilden soll;
– eine Freiflächengestaltung, die unterschiedlichen Ansprüchen an wohnungsnahe Erholungs- und Grünflächen, Wegeverbindungen und Erschließungswege gerecht werden sollen;

Frauen-Projekte in der IBA-Emscher Park

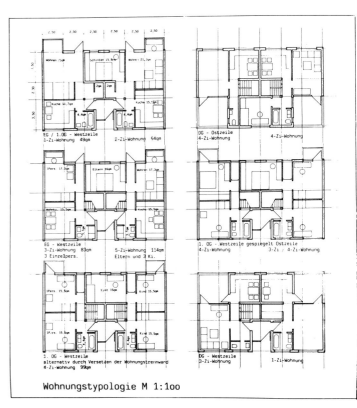

Grundrisse des 1. Preises

– die Integration gemeinschaftlich nutzbarer Räume;
– Grundrißvarianten, die eine vielseitige Nutzung durch die zukünftigen BewohnerInnen zulassen und für unterschiedliche Formen von Haushaltstypen geeignet sind.

Im Detail wurden Anforderungen an die Entwurfskriterien der einzelnen Räume vorgegeben, z.B. die Aufhebung der Hierarchisierung und Funktionszuweisung von Räumen. Eine Bauweise, die Behinderte berücksichtigt, sollte angestrebt, Dienstleistungs- und Versorgungseinrichtungen sowie gemeinschaftliche Kommunikationsbereiche eingeplant werden. Allgemeiner Planungsgrundsatz war die Orientierung an ökologischen Prinzipien.

Der Wettbewerb wurde im September 1990 bundesweit ausgeschrieben. 70 Architektinnen/-gruppen beteiligten sich an diesem ersten deutschen Architektinnen-Wettbewerb, den ein ausschließlich mit Fachfrauen besetztes Preisgericht – auch dies ein Novum bei Wettbewerben – im Januar 1991 entschieden hat.

Den ersten Preis erhielten zwei Bielefelder Architektinnen (Monika Melchior, Heinke Töpper). Ihr Entwurf sieht 25 Wohneinheiten vor, deren Raumaufteilung durch gleichgroße Zimmer gekennzeichnet ist. Es besteht die Möglichkeit zur Vergrößerung von Wohnungen durch Zuschalten eines Raumes, Wohnküchen sind variabel zu gestalten, alle Räume sind gut belichtet (auch die Bäder), ausreichende Abstellflächen sind eingeplant, und bei größeren Wohnungen sind mehrere Wohnungseingänge vorhanden.

Die Freiflächengestaltung sieht u.a. private Gärten vor, außerdem sind Dachterrassen geplant. Ein Spielplatz wird neben dem benachbarten Kindergarten angelegt. Gemeinschaftsräume sind in der Mitte der Wohnbebauung vorgesehen.

Bei diesem Wettbewerb wurde deutlich, daß auch im Rahmen des sozialen Wohnungsbaus ein geändertes Anforderungsprofil, das vielfältigen Wohnungsbedürfnissen Rechnung trägt, entwickelt werden kann.

Das Preisgericht hat der Stadt Bergkamen als Ausloberin empfohlen, die Arbeit der ersten Preisträgerinnen realisieren zu lassen. Bei allen weiteren Realisierungsschritten soll die Einhaltung der erarbeiteten Qualitätsanforderungen sowie der weiteren MieterInnen- und NutzerInnenbeteiligung beachtet werden.

Literatur:
IBA Bergkamen: Frauen-Planen-Bauen: Gespräche mit Bergkamener Frauen über ihre Wohn- und Lebenssituation, Dortmund 1990.

IBA Emscher Park: IBA-Lenkungsausschuß, 19. Oktober 1989, 19. Januar 1990, Arbeitspapier Nr. 39, Gelsenkirchen 1990

Stadt Bergkamen/Internationale Bauausstellung Emscher Park: Emscher Park Wettbewerbe 7, Dokumentation Städtebaulicher Realisierungswettbewerb "Frauen planen Wohnungen", Gelsenkirchen 1991.

Stadt Bergkamen/Internationale Bauausstellung Emscher Park, Emscher Park Wettbewerbe 7, Städtebaulicher Realisierungswettbewerb "Frauen planen Wohnungen", Gelsenkirchen 1990.

Foto, Modell, Plan:
IBA Emscher Park, Georg Anschütz. Monika Melchior, Heinke Töpper, Bielefeld.

FRAUEN
PLANEN
BAUEN
WOHNEN

NEUBAUPROJEKT "ALTERNATIVES WOHNEN" IN RECKLINGHAUSEN-SÜD

Im Rahmen der Internationalen Bauausstellung Emscher Park plant die Wohnungsbaugesellschaft Recklinghausen ein Projekt im sozialen Wohnungsbau, das sich insbesondere an den Bedürfnissen von Alleinerziehenden orientiert. Im Herbst 1991 soll mit dem Bau der dreieinhalbgeschossigen Doppelhäuser mit 34 Wohneinheiten an der Ecke Bochumer Straße/Grullbadstraße in Recklinghausen-Süd begonnen werden. Das Bauvorhaben ist Bestandteil des IBA-Projekts "Integrierte Stadtteilentwicklung in Recklinghausen-Süd". Mit der modellhaften Beteiligung der künftigen NutzerInnen am Planungsprozeß der Wohnungen liegen inzwischen positive Erfahrungen vor. (Vgl. IBA Emscher Park, 1991)

Die Idee zu dem Projekt "beruht auf einem Modell-Konzept, das bereits erfolgreich in Dänemark praktiziert wird, im sozialen Wohnungsbau des Landes NRW jedoch 'Pilotcharakter' hat: In dem geplanten Wohnungsprojekt können die künftigen Mieter und Nutzergruppen ihre spezifischen Wohnbedürfnisse aufeinander abstimmen und gemeinschaftlich organisieren: So könnten z.B. arbeitslose Mieter beim Bau der Wohnungen und später im handwerklichen und gärtnerischen Bereich beschäftigt werden. Ältere Mitbewohner können die Kinder der Alleinerziehenden beaufsichtigen. Umgekehrt könnten Einkäufe und Besorgungen für die älteren Mitbewohner erledigt werden". (IBA Emscher Park, 1990, S. 4).

Die Wohnungen sind für folgende NutzerInnengruppen vorgesehen: Zehn Wohnungen sollen weiblichen und männlichen Alleinerziehenden mit ihren Kindern zur Verfügung gestellt werden. Eine altengerechte Ausstattung wird in vier Wohnungen angestrebt. Drei bis vier Wohnungen sollen an Arbeitslose vergeben werden, für die nach Möglichkeit im Rahmen des Projekts Beschäftigungsmöglichkeiten geschaffen werden. Vier Wohnungen werden für Frauen reserviert, die nach einem Aufenthalt im Frauenhaus eine Wohnung suchen und besondere Schwierigkeiten auf dem Wohnungsmarkt haben. In zwei bis drei Wohnungen sind Büro- und Beratungsräume für soziale Verbände geplant. Vorrangig geht es hierbei um Vereine, die sich in ihrer Betreuungsarbeit mit den Mieterinnen und Mietern beschäftigen, wie z.B. der Verband alleinerziehender Mütter und Väter oder der Frauennotruf.

Geplante Spiel- und Aufenthaltsräume sollen neuartige Formen des Zusammenlebens fördern. Auf dem nördlich angrenzenden städtischen Schulgelände könnte eine Zwei-Gruppen-Kindertagesstätte entstehen; für Alleinerziehende eine wesentliche Voraussetzung für die Aufnahme einer Erwerbstätigkeit.

Um die Interessen und Bedürfnisse der zukünftigen NutzerInnen von Anfang an in den Planungsprozeß einzubeziehen, wurde die Beratungseinrichtung WohnBund-Beratung NRW in Bottrop mit der Organisation und Durchführung der MieterInnenmitbestimmung beauftragt. In mehreren Besprechungen, ganztägigen Workshops und Seminaren wurden die Wohnbedürfnisse der NutzerInnen ermittelt. Ziel der Seminare war, "die Bewohner in die Lage zu versetzen, die vorliegenden Entwürfe der Architektinnen zu lesen und zu verstehen, so daß sie bei der Vorstellung der Pläne (...) gezielte Fragen – vor dem Hintergrund der eigenen Wohnbedürfnisse – an die Architektinnen richten können" (IBA/WohnBund Beratung, 1990, S. 5). So konnten sich die zukünftigen BewohnerInnen an der Auswahl von drei Architektinnen-Teams, die nach einer beschränkten Wettbewerbsaus-

Frauen-Projekte in der IBA-Emscher Park

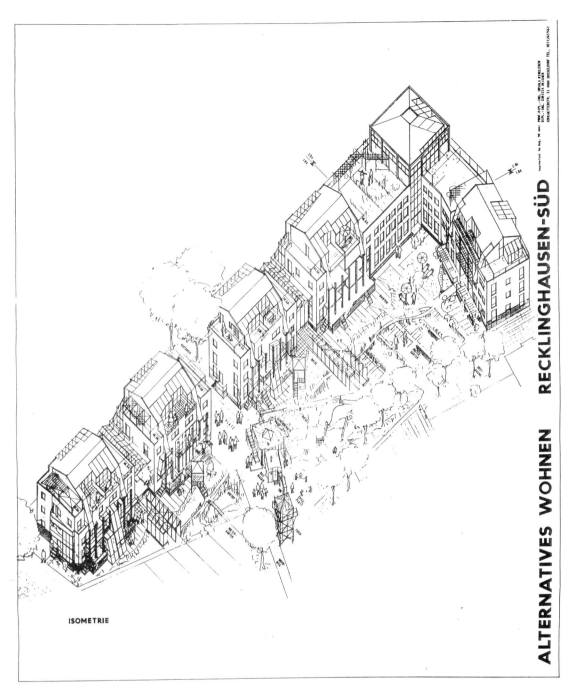

ISOMETRIE

ALTERNATIVES WOHNEN RECKLINGHAUSEN-SÜD

schreibung konkrete Pläne für das Wohnprojekt entwickelt haben, beteiligen. Im Rahmen der Seminare entstanden außerdem Kriterienkataloge, auf deren Grundlage die vorgelegten Entwürfe bewertet wurden.

In einer ersten Entscheidungssitzung im Dezember 1990 baten das Preisgericht und die NutzerInnenvertreter zwei Büros um Überarbeitung ihrer Entwürfe; diese wurden im dritten BewohnerInnenseminar erneut vorgeprüft. Nachdem in der letzten Phase ein Büro aus dem Verfahren ausgestiegen ist, gab es zu dem verbleibenden Entwurf allerdings keine echte Wahlmöglichkeit mehr.

Das Preisgericht schloß das Verfahren im Februar 1991 mit der Empfehlung ab, den Entwurf der Architektinnen, Professorin Ursula Ringleben und Christa Reicher, mit einigen Änderungen zu realisieren. Die Erfahrung mit diesem ungewöhnlichen Planungsverfahren ist positiv: "Die intensive Auseinandersetzung der Bewohner mit den Plänen und die detaillierte Prüfung vor dem Hintergrund der Wohnbedürfnisse und der Wohnvorstellungen führten über die Vorprüfung zu einer Veränderung der ursprünglichen städtebaulichen Konzeption. Dies hat aus der Sicht der Bewohner zu einer qualitativen Verbesserung des ursprünglichen Entwurfs beigetragen." (IBA/WohnBund-Beratung, Juni 1991, S.18)

Literatur:

Beispielhafte Wohnungen für Alleinerziehende, in: IBA: Internationale Bauausstellung Emscher Park Informationen Nr. 9, Gelsenkirchen 1990, S. 4.

IBA /WohnBundBeratung NRW: "Alternatives Wohnen in Recklinghausen-Süd" "Wettbewerb" unter Beteiligung zukünftiger Bewohner, Gelsenkirchen 1991.

IBA/WohnBundBeratung NRW: Neubauprojekt "Tor zur Südstadt" in Recklinghausen, Vorprüfbericht aus Sicht der NutzerInnen und NutzerInnenvertreter, Bochum 1990.

Krauskopf, Peter: Wohnprojekt für Alleinerziehende: Zusammen wohnen, allein erziehen, in: Marabo, Oktober 1990, S. 38-43.

Wohnen für Alleinerziehende: Große Küchen und Kinderzimmer, in: IBA: Internationale Bauausstellung Emscher Park Informationen, Nr. 12, 2. Jg., Gelsenkirchen 1991, S. 6-7.

Foto, Modell, Zeichnung:
IBA Emscher Park, Georg Anschütz. Ursula Ringleben, Christa Reicher, Düsseldorf.

FRAUEN
PLANEN
BAUEN
WOHNEN

FRIEDA – FRAUENINITIATIVE ZUR ENTWICKLUNG DAUERHAFTER ARBEITSPLÄTZE IN OBERHAUSEN

Das unzureichende Angebot qualifizierter Arbeitsplätze für Frauen hat in Oberhausen – auf Anregung des Frauenbüros der Stadt – zu einer Initiative für den Aufbau eines Beschäftigungs- und Qualifzierungsprojekts geführt. 1988 wurden neben der Einrichtung einer kommunalen Kontakt- und Beratungsstelle für Frauen im Beruf drei Stellen im Rahmen einer Arbeitsbeschaffungsmaßnahme für eine Sozialwissenschaftlerin, eine Erziehungswissenschaftlerin und eine Verwaltungsfrau geschaffen, die das Konzept entwickelten.

FRIEDA versteht sich als ein Projekt, das Möglichkeiten der eigenständigen beruflichen Existenzsicherung für Frauen aufzeigt und Umsetzungsmöglichkeiten erproben will. Erwerbswirtschaftliche Teilbereiche sollen sich langfristig ausgliedern. Darüber hinaus soll die Erschließung neuer Beschäftigungsfelder in gesellschaftlich und ökologisch sinnvollen Bereichen erfolgen mit dem Ziel von Existenzgründungen.

Wie werden die Ziele von FRIEDA – Schaffung von Arbeitsplätzen und Qualifizierungsmaßnahmen – konkret realisiert? Zunächst wird im gewerblich-technischen Bereich eine Umbau- und Renovierungs- sowie eine Berufsorientierungswerkstatt eingerichtet. Sie dient der Renovierung der projekteigenen Gebäude. Frauen, die eine gewerblich-technische Ausbildung haben, jedoch erwerbslos sind, werden in den Gewerken Schreinerei, Malerei, Lackiererei, Elektro und evtl. Gas-Wasser-Sanitär beschäftigt. Sie erhalten damit die Chance, ihre Gesellinnenjahre zu absolvieren und praktische Berufserfahrung zu sammeln. In der Berufsorientierungswerkstatt können Frauen arbeiten, die sich beruflich (neu-)orientieren wollen oder den Wiedereinstieg in einen Beruf anstreben.

Angebote im Dienstleistungsbereich werden für Frauen mit und ohne abgeschlossene Ausbildung in traditionellen Bereichen wie Handel/Verkauf, Büro/Verwaltung etc. geschaffen. Gedacht ist zunächst an die Einrichtung einer Kantine und eines Cafés, in denen unter Anleitung einer Hauswirtschafterin Frauen beschäftigt werden und sich in Richtung Vollwert- oder Diätkost weiterbilden können. In einer geplanten Nähstube wird über übliche Angebote hinaus alternative Mode (naturbelassene Textilien) vor allem für Kinder hergestellt und verkauft. Ein Wasch- und Bügelservice kann angegliedert werden.

Frauen-Projekte in der IBA-Emscher Park

In einem sogenannten Service-Center ist die Schaffung von Beschäftigungsmöglichkeiten für berufslose Frauen vorgesehen. Haushaltshilfen, Grund- und Glasreinigung, Babysitting, Transport, Betreuung, Organisationshilfen, Einkaufshilfen können hier angefordert werden. Das Service-Center kann Frauen vor allem als Sprungbrett dienen für eine Berufstätigkeit, Qualifizierung oder auch Existenzgründung.

Sobald die Räumlichkeiten vorhanden sind, wird zunächst eine Kinderbetreuung eingerichtet, die sich nach dem Bedarf der Frauen richtet, die bei FRIEDA arbeiten werden, aber später zu einer Kindertagesstätte weiterentwickelt werden soll. Seit Januar 1990 gehört FRIEDA zu den Vorhaben, die innerhalb der Internationalen Bauausstellung Emscher Park realisiert werden. Im Juni 1990 wurde ein Verein "zur Förderung der Frauenbeschäftigung und Frauenqualifizierung in Oberhausen" gegründet, mit der städtischen Frauenbeauftragten als Vorstandsvorsitzenden. Aufgaben des Vereins sind die Durchführung der geplanten Berufsbildungsprojekte, Öffentlichkeitsarbeit sowie die finanzielle und inhaltliche Unterstützung bei der Umsetzung des FRIEDA-Projekts.

Erste und vorrangige Aufgabe war bis vor kurzem die Suche nach einem geeigneten Gebäude bzw. die Planung eines Neubaus, nachdem sich der Einzug in eine ehemalige Textilfabrik in Oberhausen-Osterfeld zerschlagen hatte. Hierfür wurde eigens ein "Kriterienkatalog" entwickelt: Der Standort soll mit öffentlichen Verkehrsmitteln gut erreichbar sein. Boden-, Lärm-, Verkehrsbelastungen sollen so gering wie möglich sein, Angsträume vermieden werden. Im Hinblick auf das Ziel der Schaffung wohnungsnaher Arbeitsplätze wird Siedlungsnähe angestrebt. Ebenfalls sollte die Kontaktaufnahme zu anderen Betrieben durch räumliche Nähe unterstützt werden. Hier ist an Kooperationsprojekte gedacht. Inzwischen wurde dem Projekt das Gebäude einer ehemaligen Schule an der Essener Straße zugesichert.

Zur Zeit wird eine gemeinnützige GmbH als Projektträgerin gegründet, an der die Stadt Oberhausen beteiligt ist. Neben der Stadt und dem Förderverein beteiligen sich eine Oberhausener Firma, die auch junge Frauen in gewerblich-technischen Berufen ausbildet, der Einzelhandelsverband, die Kreishandwerkerschaft, die Arbeitsgemeinschaft der Wohlfahrtsverbände sowie eine Firma, die sich auf die berufliche Weiterbildung im EDV-Bereich spezialisiert hat.
Mit Mitteln des Europäischen Sozialfonds wird die Einrichtung von maßnahmebezogenen Arbeitsplätzen in Zusammenarbeit mit dem Arbeitsamt und Sozialamt erfolgen. Im ersten Umsetzungsjahr sollen insgesamt 50 Arbeitsplätze entstehen.

Literatur:
"FRIEDA" schafft neue Stellen für Frauen, in: Internationale Bauausstellung Emscher Park Informationen Nr. 9, Gelsenkirchen 1990, S. 5.

Hoffmann, Annegret/Radde, Agnes: FRIEDA - ein Beschäftigungs- und Qualifizierungsprojekt für Frauen im Rahmen der IBA Emscher Park, in: Freiräume, Heft 4, Dortmund 1990, S. 43 ff.

Fotos:
IBA Emscher Park, Georg Anschütz.

FRAUEN
PLANEN
BAUEN
WOHNEN

MULTI-FUNKTIONALES PROJEKT ARENBERG IN BOTTROP

Die Gleichstellungsstelle der Stadt Bottrop engagiert sich in Kooperation mit dem Frauenzentrum Courage e.V. für ein multifunktionales frauenförderndes Projekt auf dem Standort Arenberg-Fortsetzung, einem ehemaligen Zechengelände.

"Das Frauenprojekt versteht sich als eine Initiative zur Bekämpfung der Frauenarbeitslosigkeit in Bottrop und der besonderen Probleme alleinerziehender Frauen, die berufstätig sind oder wieder werden wollen. Durch die Entwicklung neuer Wohnformen und Wohnungen, die an den Bedürfnissen alleinerziehender Mütter und Väter ausgerichtet sind, würde die Voraussetzung geschaffen, bei einer großen Gruppe von Mitbürgern (überwiegend Frauen) den Kreislauf von Erwerbslosigkeit, ungeschützten Beschäftigungsverhältnissen, Dequalifizierung und daraus resultierender finanzieller und sozialer Abhängigkeit, z.B. von Sozialhilfe, zu durchbrechen. Langfristig werden Arbeitsplätze geschaffen, die ohne Entwicklung neuer Wohnformen, flexibler Arbeitszeiten und integrierter Kinderbetreuung nicht möglich wären. Die Verbindung sozialen Wohnens mit Beschäftigungsinitiativen soll Bedingungen schaffen, in denen Familie und Berufstätigkeit, Arbeiten und Weiterbilden, Arbeiten und sinnvolle Freizeitgestaltung sich nicht gegenseitig ausschließen, sondern miteinander verbinden lassen." (Werther, 1990, S. 6)

In dem Projekt wird vor allem von der Lebenssituation Alleinerziehender ausgegangen. Mit dem Beschäftigungsprojekt sollen Frauen angesprochen werden, die andere Formen des Zusammenwohnens, der Arbeitsteilung und der Berufsorientierung erproben wollen.

Der gewählte Standort liegt in unmittelbarer Nähe zu einem geplanten Gründerzentrum auf dem Gelände "Arenberg-Fortsetzung". Neben Wohnungen für alleinerziehende Mütter/Väter, in der Regel Kleinwohnungen, sollen eine Vielzahl von Gemeinschaftsräumen, eine Kinderbetreuungseinrichtung, Gärten und Werkstätten entstehen. Der bestehende Bebauungsplan weist die Fläche als Mischgebiet aus. Dadurch können die ergänzenden sozialen und gewerblichen Nutzungen angesiedelt werden. Es handelt sich um eine relativ ruhige Wohngegend in zentraler Lage mit guter infrastruktureller Versorgung und Anbindung an einen Grünzug im Stadtteil Batenbrock-Nord.

Für das Frauen-Beschäftigungsprojekt mit dem Werkstattbereich ist eine gewerbliche Baufläche auf dem ehemaligen Zechengelände vorgesehen. Durch die Erhaltung eines ehemaligen Lokschuppens soll Raum geschaffen werden für Qualifizierungsmaßnahmen im Bereich Trockenbau, Karosseriebau sowie für ein Dienstleistungsbüro und eine Vollwertküche. In der ersten Umsetzungsphase wird die Schaffung von 20 subventionierten Arbeitsplätzen angestrebt.

Die auf Arenberg geplanten Neubauten, aber auch Teile der Altbau- und Denkmalsanierung, können ein großes Praxisfeld für Qualifizierungsmaßnahmen im Bereich Trockenbau/Innenausbau ausmachen. Hierfür ist die Einrichtung eines Bauhofs mit einer Schreinerei geplant.

Im Karosseriebau sollen die Fahrzeugparks z.B. der Spitzenverbände der Wohlfahrt gepflegt, gewartet und Kleinreparaturen durchgeführt werden. In Verbindung mit der Schreinerei wird ein behindertengerechter Wohnmobilausbau als Beitrag zur Ansiedlung eines neuen Wirtschaftsbereichs in Bottrop entwickelt.

Frauen-Projekte in der IBA-Emscher Park

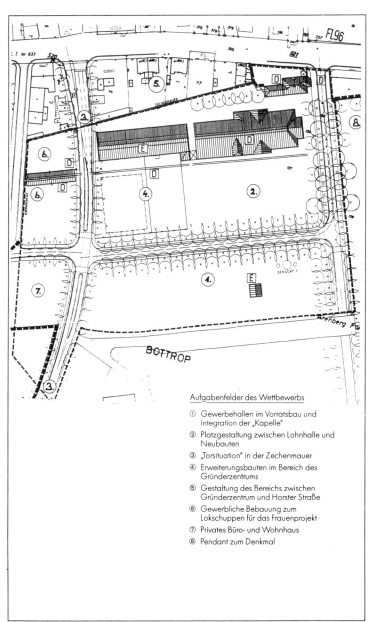

Aufgabenfelder des Wettbewerbs

① Gewerbehallen im Vorratsbau und Integration der „Kapelle"
② Platzgestaltung zwischen Lohnhalle und Neubauten
③ „Torsituation" in der Zechenmauer
④ Erweiterungsbauten im Bereich des Gründerzentrums
⑤ Gestaltung des Bereichs zwischen Gründerzentrum und Horster Straße
⑥ Gewerbliche Bebauung zum Lokschuppen für das Frauenprojekt
⑦ Privates Büro- und Wohnhaus
⑧ Pendant zum Denkmal

Ein gemeinnütziges Dienstleistungsbüro qualifiziert Berufsrückkehrerinnen und -einsteigerinnen im Bereich der Bürokommunikation. In sogenannten Telestuben werden Geräte modernster Bürokommunikation und Dienstleistungen im Bereich Verwaltung, Buchhaltung, Schreibservice etc. bereitgestellt, vor allem auch für die Klein- und Mittelbetriebe auf Arenberg-Fortsetzung.

Die Einrichtung einer Vollwertküche mit Café und Imbiß soll das Dienstleistungsangebot abrunden. Für die Beschäftigten der umliegenden Werkstätten sowie für die BewohnerInnen des Stadtteils wird damit gleichzeitig ein Ort der Kommunikation geschaffen. Die Vollwertküche kann Kindertageseinrichtungen mit vollwertigem Mittagessen versorgen.

Literatur:
Werther, Rosemarie: Wohn- und Beschäftigungsprojekt für Frauen bei Arenberg-Fortsetzung, unveröffentlichtes Manuskript, Bottrop 1990.

Fotos:
Broll & Co, Münster.

FRAUEN
PLANEN
BAUEN
WOHNEN

FRAUEN GEMEINSAM SIND STARK – KRISTALLISATIONSPUNKTE ZUR VERNETZUNG IM PLANUNGSBEREICH

Die vielfältigen Projekte, die in diesem Katalog vorgestellt werden, sind zum größten Teil nur durch die gute Zusammenarbeit zwischen Frauen aus den unterschiedlichsten Bereichen durchgesetzt worden. Bewohnerinnen, Nutzerinnen, Planerinnen und Architektinnen, politische Entscheidungsträgerinnen und Frauen aus der Verwaltung (in Deutschland besonders die Gleichstellungsbeauftragten) haben gemeinsam zur Entwicklung und Durchsetzung beigetragen. Erfolge konnten häufig nur durch großen persönlichen Einsatz, Durchsetzungsvermögen und 'langen Atem' erzielt werden. Um erfolgreich und effektiv gegen das geringe Interesse und die Vorurteile männlicherseits agieren zu können, bildeten Frauen in den letzten Jahren verstärkt eigene Netzwerke.

Durch die Bildung von Frauengruppen auf den verschiedensten Ebenen und ihre Vernetzung – sowohl horizontal als auch vertikal – soll eine breite Basis entstehen, die die Durchsetzungschancen von Fraueninteressen erhöht. Es wird davon ausgegangen, daß eine Vernetzung nicht nur personell, sondern auch durch das Ineinandergreifen der unterschiedlichen Durchsetzungsstrategien und Arbeitsschwerpunkte erfolgen muß. Eine Voraussetzung für diese Art der Vernetzung ist die gegenseitige Akzeptanz der unterschiedlichen Ansprüche. Um bestimmte Vorhaben durchsetzen und realisieren zu können, sind Kompromisse notwendig. Sie dürfen aber nicht dazu führen, daß radikale Forderungen ständig zurückgeschraubt werden, weil hierfür die erwähnte breite Basis (noch) nicht vorhanden ist.

In der praktischen Durchführung geht es nicht nur um die exemplarische Verwirklichung von Modellprojekten. Gleichzeitig werden auch weiterreichende Forderungen entwickelt: Das Bewußtsein für die baulich-räumliche Umwelt und ihre Auswirkungen auf Frauen muß geschult, und es müssen Maßnahmen entwickelt werden, die eine stärkere Beteiligung von Nutzerinnen und Expertinnen am Planungsprozeß fördern. Engagierte (Fach-) Frauen haben in diesem Zusammenhang bereits grundlegende Arbeit geleistet und das Thema stärker an die Öffentlichkeit gebracht. Eine Vielzahl von Projektberichten und Forschungsergebnissen im Planungsbereich wurde – teilweise als 'graue Literatur' – veröffentlicht. Sie sind in feministischen Archiven* zusammengetragen und inzwischen auch schon in einigen anderen Bibliotheken zugänglich. Regelmäßige Publikationen dienen der Kontinuität des Informationsflusses. Tagungen regen die Diskussion und den Meinungsaustausch an. Spezielle Weiterbildungsveranstaltungen (z.B. Kurse, Seminare und Vorträge) tragen dazu bei, die Öffentlichkeit für den feministischen Blickwinkel in der Planung zu sensibilisieren.

Bereits aktive Fachfrauen müssen oft feststellen, daß frauenfreundliche Aspekte, wenn sie überhaupt Beachtung finden, häufig als interessante, aber kostenlose Zusatzaspekte angesehen werden. Die Gleichstellung von Frauen im Planungsbereich kann jedoch nur greifen, wenn von politischer Seite nicht nur ideelle, sondern auch die notwendige finanzielle Unterstützung der unterschiedlichsten Maßnahmen gewährt wird. Dabei reicht es nicht aus, vereinzelt frauenfreundliche Projekte zu unterstützen. Wissenschaftliche Begleitforschungen sind notwendig, damit diese ihren Modellcharakter verlieren und übertragbar werden. Gleichzeitig müssen Methoden entwickelt und angewandt werden, die BürgerInnen und auch MitarbeiterInnen im Planungs- und Baubereich mit der Problematik vertraut machen. Und schließlich ist eine institutionelle Förderung von Frauenzusammenschlüssen notwendig.

Einen groben Überblick über bereits bestehende Frauengruppen und -zusammenschlüsse, die sich für die Umsetzung der oben genannten Forderungen engagieren, liefert dieser Teil

Frauen gemeinsam sind stark

des Katalogs. Die Beispiele umfassen die Ebenen Bewohnerinnenorganisationen, privater Planungsbüros, Berufsorganisationen/Interessenvertretungen und kommunaler Gleichstellungsstellen/Frauenbüros. Zwischen vielen dieser Zusammenschlüsse gibt es bereits Kontakte und Arbeitszusammenhänge. Der Erhalt und die Erweiterung der vorhandenen Vernetzung sowie beratende Tätigkeiten setzen aber immer wieder einen erheblichen zeitlichen – bisher häufig ehrenamtlich zu leistenden – Arbeitsaufwand voraus.

Bewohnerinnenorganisation

Eigene Organisationen von Bewohnerinnen sind relativ selten. In den meisten Fällen werden sie als BürgerInnen-Initiativen gegründet und lösen sich häufig wieder auf, wenn der konkrete Anlaß zum Zusammenschluß nicht mehr besteht oder die Finanzierung ihrer Aktivitäten nicht gesichert ist. In den Niederlanden gibt es dagegen eine schon seit mehr als 30 Jahren tätige Organisation von Bewohnerinnen: die **Vrouwen adviescommiessie voor de woningbouw** (VAC, s.S. 60/61). Die Mitfrauen dieser Frauenberatungskommission für den Wohnungsbau setzen sich für Verbesserungen in den Bereichen Wohnen, Wohnumfeld und Sicherheit im öffentlichen Raum ein. Sie beraten Gemeinden und Bauträger – immer noch – auf ehrenamtlicher Basis. Es bestehen bereits über 230 VACs auf lokaler Ebene. Durch ihr gut strukturiertes Netzwerk konnten sie auch auf Landes- und nationaler Ebene Einfluß gewinnen. Netzwerk heißt hier konkret die Organisation und Durchführung von Kursen und Seminaren, Beratung von interessierten Frauen, die Herausgabe eines Nachrichtenblattes (VAC-Niews) und der Vertrieb und Verleih von Ausstellungsmaterial, Dias, Broschüren usw. Daneben findet ein üblicher Austausch zwischen der VAC und anderen Frauengruppen sowie die Mitarbeit in verschiedenen Kommissionen, die sich mit Wohnungs- und Städtebau befassen, statt. Da in den Niederlanden BürgerInnen-Initiativen mit öffentlichen Mitteln gefördert werden, erhalten auch die VACs zumindest Unterstützung für ihre Sachkostenaufwendungen. (Vgl. Hutjes, 1987)

Private Planungsbüros

An dieser Stelle werden zwei private Büros aus den Niederlanden und aus Großbritannien vorgestellt, die insbesondere frauenfreundliche Aspekte in der Planung bearbeiten.

Zijaansicht** ist eine Arbeitsgemeinschaft von Garten- und Landschaftsarchitektinnen in Wageningen, Niederlande. Das Büro besteht seit 1985. Es berücksichtigt frauenfreundliche Aspekte bei der Landschaftsplanung – ein Bedarf, der von kaum einem anderen Büro abgedeckt wird. In ihren Planungsentwürfen, Forschungsarbeiten und in ihrer Beratungstätigkeit wird ihr feministischer Blickwinkel deutlich. Besondere Aufmerksamkeit widmen die Planerinnen der Sicherheit im öffentlichen Raum. Für diesen Aspekt haben sie in Kooperation mit der Stiftung Vrouwen Bouwen & Wonen Planungskriterien entwickelt und publiziert.

Ihre Klientel sind BewohnerInnengruppen, Privatpersonen und Behörden. Die Aufträge umfassen Entwürfe für Bahnhofsgelände, Parks und öffentliche Plätze, Betriebs- und Erholungsanlagen sowie für die Wohnumfeldgestaltung. Darüber hinaus bieten die Planerinnen die Überprüfung bestehender oder bereits ausgeführter Planungen auf Sicherheitsaspekte und Frauenfreundlichkeit an und entwickeln Verbesserungsvorschläge.

Das zweite Büro, **Matrix Feminist Design Architectural cooperative** (s. S. 38/39), ist ein feministisches Kollektiv von Architektinnen in London, das in enger Kooperation mit den zukünftigen Nutzerinnen Wohnungen und Infrastruktureinrichtungen plant. Die Klientinnen sind von der Entwurfsphase bis zur Fertigstellung der Maßnahme am Planungsprozeß beteiligt. Interessant ist Matrix auch im

FRAUEN
PLANEN
BAUEN
WOHNEN

Hinblick auf Methoden für diese Beteiligung. Sie bieten Kurse zum technischen Zeichnen und zum Lesen von Plänen an, führen Berufswahlseminare durch und konzipieren Weiterbildung von Bauhandwerkerinnen.

Berufsorganisationen/Interessenvertretungen von Fachfrauen

In diesem Bereich existieren bereits eine Reihe von Arbeitsgruppen und Vereinen, die sich autonom oder innerhalb von bestehenden gemischtgeschlechtlichen, d.h. männerdominierten Gruppen zusammengefunden haben, um ihre spezifischen Foueninteressen durchsetzen zu können.

Die **Union International des Femmes Architectes (UIFA)** ist eine internationale Berufsorganisation von Architektinnen. Sie wurde 1963 in Paris gegründet; die "Sektion Bundesrepublik Deutschland e.V." mit Geschäftssitz in Berlin entstand erst 1979. "Die UIFA ist bestrebt, das internationale Berufsbild der Architektinnen zu veranschaulichen, Berufskontakte zu schaffen und den Erfahrungsaustausch in der Welt zu fördern." (UIFA, 1984, S.5) Diesen Zweck erfüllt ein gut ausgebautes Kontaktnetz, und es werden alle drei bis vier Jahre internationale Kongresse durchgeführt, die sich speziell an Architektinnen, Ingenieurinnen, Stadt- und Landesplanerinnen sowie andere Frauen, die sich professionell mit der gebauten Umwelt auseinandersetzen, wenden. Es geht um die Organisation eines wechselseitigen Lernprozesses, auch wenn die sozialen Hintergründe (international) jeweils sehr verschieden sind. (Vgl. UIFA, 1984 und 1991)

In den letzten Jahren haben Fachfrauen ihre Forderungen auch innerhalb der bestehenden Berufsorganisationen thematisiert. Ein Beispiel dafür ist der Ausschuß **"Frauen in der SRL"** innerhalb der Vereinigung der Stadt-, Regional- und Landesplaner e.V. (SRL). Der Ausschuß wurde 1988 entsprechend der Vereinssatzung vom Vorstand eingerichtet, um Planerinnen beruflich zu fördern und Fraueninteressen in der Vereinigung sowie in der Planung allgemein Nachdruck zu verleihen. Er setzt sich aus je einer Planerin der sechs Regionalgruppen der SRL zusammen. Diese Frauen, die sich ca. drei- bis viermal jährlich treffen, versuchen als Multiplikatorinnen zu wirken, indem sie Regionalgruppen gründen und Treffen aller Frauen in der SRL organisieren. Die Aktivitäten beziehen auch Frauen außerhalb der Vereinigung ein. Durch Kontakte zu bestehenden anderen Zusammenschlüssen, Gleichstellungsstellen und Hochschulen wollen die Planerinnen stärker öffentlich werden und frauenspezifische Herangehensweisen und Arbeitsformen fördern. Es wurden z.B. bereits verschiedene gemeinsame Tagungen zu frauenspezifischen Themen durchgeführt. Langfristig soll sich der Ausschuß zu einer funktionsfähigen Foueninformationsbörse entwickeln. (Vgl. von Seggern, 1991)

Der Verein **Baufachfrau e.V. Dortmund** (Baufachfrau Berlin e.V., s. S. 44) entwickelte sich Anfang 1988 aus einer Selbsthilfeinitiative von Handwerkerinnen und Architektinnen. Baufachfrau versteht sich als Kontaktnetz von Frauen aus allen planenden und ausführenden Bauberufen und hat z.Z. ca. 180 Mitfrauen aus dem ehemaligen Bundesgebiet. Im Rahmen einer Arbeitsbeschaffungsmaßnahme, die im Januar 1991 eingerichtet wurde, wird der Erfahrungsaustausch von Fachfrauen aus den neuen und alten Bundesländern angeregt. Der etwa monatlich erscheinende Rundbrief sowie die regelmäßig stattfindenden offenen bundesweiten Baufachfrauentreffen dienen dem Ausbau des überregionalen Kontaktnetzes für Frauen im Bauwesen. Neben den genannten Treffen finden in unregelmäßigen Abständen berufsbezogene Treffen z.B. der Elektrikerinnen, der Architektinnen und der Frauen im Bauhauptgewerbe (Schreinerinnen, Lehmbauerinnen u.ä.) statt. Im September 1990 wurde

Frauen gemeinsam sind stark

eine Regionalgruppe in Dortmund gegründet, die sich als Gesprächskreis für Handwerkerinnen, Architektinnen und Interessierte versteht. Hier soll u.a. Gelegenheit gegeben werden, gegenseitig eigene Arbeiten und Projekte vorzustellen, Arbeitsgruppen zu bilden, Referentinnen einzuladen, sich mit anderen Frauen vom Bau auszutauschen oder Exkursionen zu veranstalten. Die Gründung von weiteren Regionalgruppen ist geplant.

POWER, Planerinnen aus Ost und West im europäischen Raum, ein Zusammenschluß von Stadtsoziologinnen, Stadtplanerinnen und Architektinnen wurde auf dem Workshop "Frauengerechte Stadt??!" im März 1990 in Berlin-Ost gegründet. In absehbarer Zukunft wird die Gründung eines Vereins angestrebt, der als Basis für ein Fachfrauen-Netzwerk dienen wird. "Die Idee hierzu entstand aus der Erkenntnis, daß Fachfrauen interdisziplinär arbeiten müssen, um überhaupt eine Chance gegen den wiedererstarkenden Verdrängungsprozeß von Frauen aus entscheidungstragenden Positionen zu haben. Des weiteren besteht in den Ländern der ehemaligen DDR ein akuter Nachholbedarf an Wissen über frauenspezifische und feministische Konzepte zur Raum und Stadtplanung und damit an konkreten Vorstellungen, wie diese Konzepte zu realisieren wären." (POWER, 1991, S. 60)

Auch die ca. 25 Architektinnen und Stadtplanerinnen der **BOA-Constructa e.V.** (Berliner Organisation von Architektinnen), Berlin-Ost, wenden sich gegen die Verdrängung von Frauen aus dem Arbeitsprozeß und aus Entscheidungsgremien in der ehemaligen DDR. Durch die Forderung nach Quotenregelungen, Frauenförderprogrammen und Fortbildungsmaßnahmen versuchen sie diesen Prozessen entgegen zu wirken. (Vgl. BOA-Constructa e.V., 1991)

Ein positiver Ansatz zur Institutionalisierung einer Beratungsinfrastruktur aus dem europäischen Ausland ist die 1983 gegründete **Stiftung Vrouwen, Bouwen & Wonen (SVBW)** in Rotterdam, Niederlande (s. S. 74/75). Diese verfolgt das Ziel, Frauen mehr Einfluß auf Bedingungen des Bauens und Wohnens zu verschaffen und Benachteiligungen aufzuheben, denen sie durch die männerdominierte Gestaltung und Verwaltung der gebauten Umwelt ausgesetzt sind. Die Stiftung versteht sich in erster Linie als Koordinationsstelle, die Kontakte zwischen einzelnen Frauen, Frauengruppen und politisch/administrativen Instanzen herstellt und pflegt sowie Projekte entwickelt, die größtenteils mit anderen TrägerInnen durchführt werden. Die regelmäßig erscheinende Zeitschrift Klinker trägt zum Erfahrungsaustausch und zur Diskussion eines breiten Themenspektrums bei. Eine wichtige Voraussetzung für die erfolgreiche Arbeit der Stiftung ist durch die institutionelle Förderung gegeben. Dadurch ist eine kontinuierliche Besetzung des Netzwerk-Büros möglich.

In Deutschland bemühen sich die in Berlin, Dortmund, Hamburg, Kassel und Frankfurt (Rhein-Main) bestehenden Gruppen der **Feministischen Organisation von Planerinnen und Architektinnen (FOPA) e.V.** um eine kontinuierliche öffentliche Förderung für ihre Beratungstätigkeit. Bisher sind die Vereine überwiegend ehrenamtlich tätig. Wie die Stiftung Vrouwen, Bouwen & Wonen integrieren die Vereine auf unterschiedlichen Wegen frauenspezifische Aspekte in die Planung. Publikationen ihrer Forschungsergebnisse, Seminare und Vorträge sind nur ein Ausschnitt aus ihren vielfältigen Tätigkeiten. In der Dortmunder Gruppe (s.S. 34/35), die Frauen u.a. in Arbeitsbeschaffungsmaßnahmen beschäftigt, zeigt sich deutlich, wie wichtig eine kontinuierliche Bürobesetzung für den Erfolg der Arbeit ist. Dies eröffnet die Möglichkeit, direkt auf Anfragen nach Referentinnen, Beratungen usw. zu reagieren oder ggf. an ehrenamtlich tätige Frauen weiterzuleiten.

FRAUEN PLANEN BAUEN WOHNEN

Literatur:

BOA-Constructa e.V., in: Bundesforschungsanstalt für Landeskunde und Raumordnung (Hg.): Materialien zur Raumentwicklung, Heft 38: Frauen und räumliche Planung, Bonn 1991, S. 61.

Grote, Marita/Müller-Lehnen, Kirsten/Reich, Doris: Stadtplanung im Spannungsfeld - von der Bewußtmachung bis zur Durchsetzung von Fraueninteressen durch kommunale Frauenbeauftragte, in: Bundesforschungsanstalt für Landeskunde und Raumordnung (Hg.): Materialien zur Raumentwicklung, Heft 38: Frauen und räumliche Planung, Bonn 1991, S. 1-6.

Hutjes, Lily: Frauenberatungskommissionen für Wohnungsbau in den Niederlanden, Utrecht 1987.

POWER, in: Bundesforschungsanstalt für Landeskunde und Raumordnung (Hg.): Materialien zur Raumentwicklung, Heft 38: Frauen und räumliche Planung, Bonn 1991, S. 60.

Seggern, Hille von: Ausschuß: Frauen in der SRL / in der Vereinigung der Stadt-, Regional- und Landesplaner e.V., in: Bundesforschungsanstalt für Landeskunde und Raumordnung (Hg.): Materialien zur Raumentwicklung, Heft 38: Frauen und räumliche Planung, Bonn 1991, S. 55 f.

UIFA Sektion Bundesrepublik e.V.: Architektinnenhistorie, Berlin 1984.

UIFA: UIFA'91, 9th UIFA Congress, Preliminary Programme, Kopenhagen 1991.

Kommunale Gleichstellungsstellen/Frauenbüros

In der Bundesrepublik ist die Institutionalisierung von Frauenpolitik besonders auf der kommunalen Ebene in den letzten Jahren weit vorangeschritten. Auch im Stadtplanungsbereich sind inzwischen Ansätze zur Umsetzung feministischer Planungsinhalte zu sehen. Die Gleichstellungsbeauftragten/Frauenbüros, verstärkt mit Anforderungen und Problemen von Frauen beim Planen und Bauen konfrontiert, fungieren in diesem Bereich in der Regel als Vermittlerinnen. Sie ermutigen die Frauen vor Ort, ihre Anliegen öffentlich zu machen, bieten ihren organisatorischen Rahmen als Plattform an und übermitteln diese Anliegen an die zuständigen Fachämter und Gremien z.B. in Form von Ausschußvorlagen, Planungshinweisen und Lösungsvorschlägen. Die Gründung einer Bundesarbeitsgemeinschaft und thematischer Arbeitskreise der Gleichstellungsbeauftragten/Frauenbüros hat die Vernetzung untereinander gefördert und die Wirksamkeit der Arbeit entscheidend vergrößert. (Vgl. Grote u.a., 1991) Um einen regionalen Arbeitskreis handelt es sich z. B. bei **"Frauen und IBA"**. Er entstand 1989 in Zusammenhang mit der Planung und Durchführung der Internationalen Bauausstellung Emscher Park. Initiiert durch eine wissenschaftliche Mitarbeiterin der Universität Dortmund, Fachbereich Raumplanung, und eine Gleichstellungsbeauftragte, trafen sich die Frauenbeauftragten aus den betroffenen Orten der Emscherregion, Frauen aus IBA-Projekten und Mitarbeiterinnen der FOPA e.V., Dortmund, zunächst zu einem Informationsaustausch. Aus diesem Treffen ging dann der regelmäßig tagende Arbeitskreis "Frauen und IBA" hervor, an dem mittlerweile auch MitarbeiterInnen der IBA-Planungsgesellschaft und anderer Entscheidungsträger teilnehmen. Durch diese Vernetzung und die sich daraus ergebende gegenseitige Unterstützung, konnten die Frauen gemeinsam ihre Forderungen an die Gestaltung der Emscherregion einbringen. Bis heute wurden vier "Frauenmodellprojekte" (s. S. 78 ff.) bis zur Realisierungsphase entwickelt. Aber auch bei der Planung und Durchführung mehrerer anderer IBA-Projekte konnte die Diskussion um Frauenbelange durch das kontinuierliche Mitwirken des Arbeitskreises vorangetrieben werden.

Dieser Katalog und die Ausstellung kann ebenfalls — aufgrund der Finanzierung durch die IBA-Planungsgesellschaft — als indirektes Frauenprojekt angesehen werden. Die Autorinnen hoffen, daß hierdurch frauenspezifische Aspekte mehr als bisher in die Planungsprozesse einfließen und nicht nur von Frauen, sondern auch von Männern selbstverständlich mitgedacht werden. Die gleichberechtigte Beachtung dieser Aspekte als gesellschaftliches Ziel muß sowohl von EntscheidungsträgerInnen und PlanerInnen, aber auch von den Nutzerinnen als Aufgabe verstanden werden. Hierbei ist es nach wie vor wichtig, die notwendigen Voraussetzungen für eine effektive Nutzerinnenbeteiligung zu schaffen. Zur Umsetzung dieses Ziels liefert die vorliegende Zusammenstellung vieler interessanter Beispiele sicherlich eine Reihe von Anregungen, von denen zu wünschen ist, daß sie in der Planungspraxis erprobt und weiterentwickelt werden.

* Eine Zusammenstellung von Archiven und Zeitschriften befindet sich im Anhang.
** Zijaansicht, das niederländische Wort für Seitenansicht; "zij" bedeutet sowohl "Seite" als auch "Sie".

FRAUEN
PLANEN
BAUEN
WOHNEN

CHRONOLOGIE DER AUSSTELLUNGEN

1912: Die Frau in Haus und Beruf", Deutscher Lyceumsclub, Berlin. Präsentation der Leistungen von Frauen in den verschiedensten Sparten.

1928: "Heim und Technik", München.

1928: 1. SAFFA-Ausstellung, "Schweizerische Ausstellung für Frauenarbeit", Bern. Darstellung der Arbeit von Frauen in 14 Ausstellungshallen.

1930: "Die gestaltende Frau", Deutscher Staatsbürgerinnenverband, Berlin. Darstellung des künstlerischen Schaffens von Frauen.

1933: "Die Frau in Familie, Haus und Beruf", Berlin. Infolge des politischen Trends lediglich Darstellung der Hausfrauenrolle.

1958: 2. SAFFA-Ausstellung, "Die Schweizerfrau, ihr Leben, ihre Arbeit". Darstellung des Aufgabenkreises von Frauen in Familie, Beruf und Staat.

1983: "Die Architektin Lux Guyer, 1894-1955. Das Risiko, sich in der Mitte zu bewegen", ETH Zürich, Institut für Geschichte und Theorie der Architektur, Zürich.

1983: "Ruim onvoldoende" (Geräumig ungenügend), Stichting Amazone, Amsterdam. Präsentation alternativer Planung von Architektinnen und Planerinnen.

1984: "Frauen in der Architektur der Gegenwart", Ausstellung im Rahmen des 7.Internationalen Kongresses der Architektinnen, Städteplanerinnen, Landschaftsplanerinnen der Union Internationale des Femmes Architectes, Sektion Bundesrepublik e.V., UIFA, Berlin.

Anhang

CHRONOLOGIE DER AUSSTELLUNGEN

1987: "De volgende Stap" (Der nächste Schritt), Stichting Amazone, Amsterdam. Historische und aktuelle Entwürfe utopischer Städte.

1987: "Frauen in der Stadt", FOPA e.V., Dortmund. Dokumentation des Frauenalltags in der Stadt unter baulich-räumlichen Bedingungen.

1987: "Semiramis", Frauen Museum / frauen formen ihre stadt e.V., Bonn. Ausstellung zum Thema: Frauen wollen eine andere urbane Kultur.

1988: "Utopisch Bouwen" (Utopisches Bauen), Stichting Amazone, Amsterdam. Entwürfe von Architektinnen für die "ideale" Stadt.

1989: "Beim zweiten Blick wirkt alles anders", VHS Schwerte / Arbeitsgemeinschaft Frauen und Stadtplanung / Gleichstellungsbeauftragte der Stadt Schwerte. Fotoausstellung zur Frage: Wie sähen Städte für Frauen aus?

1990: "Frauen in Bau- und Ausbauberufen, entwerfen - planen - bauen", Baufachfrau e.V., Berlin. Zentrales Thema ist die Darstellung von Handwerkerinnen, Architektinnen und Ingenieurinnen und den erschwerten Bedingungen, unter denen sie arbeiten.

1991: "Alltag in der Stadt - aus der Sicht von Frauen", Stiftung MITARBEIT Bonn, Kontaktstelle Darmstadt.

FRAUEN
PLANEN
BAUEN
WOHNEN

ADRESSEN FRAUENPROJEKTE BUNDESREPUBLIK

AKARSU - Gesundheit, Bewegung und Berufsvorbereitung für immigrierte Frauen e.V.
Oranienstr. 25
1000 Berlin 36
030-6147031/85

Baufachfrau Berlin e.V.
Tempelhofer Damm 2
1000 Berlin 42
030-7856865

Begine
Café und Kulturzentrum
Potsdamer Str. 139
1000 Berlin 36
030-2154325

Blattgold
Potsdamer Str. 139
1000 Berlin 30
030-2156628

Frauen unterwegs -
Frauenreisen
Potsdamer Str. 139
1000 Berlin 30
030-2151022

Frauenstadthaus Bremen
Am Hulsberg 11
2800 Bremen
0421-494854

Frauenstadtteilzentrum Kreuzberg (Schokofabrik)
Mariannenstr. 6
1000 Berlin 36
030-654243
Büro:
Naunynstr. 72
1000 Berlin 36
030-652999

FRIEDA Initiative zur Entwicklung dauerhafter Arbeitsplätze
Rosenstr. 67
4200 Oberhausen
0208-805987

Handwerkerinnenhaus Köln e.V.
Kempener Str. 135
5000 Köln 60
0221-7390332/7390555

Pädagogisches Projekt für wohnungs- und arbeitslose Frauen
ArbeiterInnenselbsthilfe e.V.
Stuttgart
Heinrich-Baum-Str. 17
7000 Stuttgart
0711-281405

Pelze multi media
Potsdamer Str. 139
1000 Berlin 30
030-2162341

QuEr Qualifizierung und Erwerbsarbeit für Frauen
Kaiserstr. 8
6600 Saarbrücken
0681-9363325/9363326

Sarah - Frauenkulturzentrum
Johannisstr. 13
7000 Stuttgart
0711-626638

Stadtteilzentrum Adlerstraße e.V.
Adlerstr. 81-83
4600 Dortmund 1
0231-149931

Weiberwirtschaft -
Genossenschaft i.Gr.
Hasenheide 54
1000 Berlin 61
030-6935361/6229040

Anhang

ADRESSEN FRAUENPROJEKTE INTERNATIONAL

Dänemark:

Kvindecenterfonden
Dannerhuset
Nansensgade 1
1366 Kopenhagen
0045-33-141675

Kanada:

Sitka
304-1550 Woodland Drive
Vancouver BC, V5 L5A(oS) Canada

Niederlande:

Stichting Vakrouw Woninjonderhoud RAJA-Drenthe
mevr. M. de Groot, dhr. M. Krijnsen
Hoofdstraat 19
9531 AA Borger
0031-5598-36050

Stichting Voorvrouw - Experimentele Leerlingsbouwplaats voor Vrouwen
Adrienne Nijenhuis
Postbus 14004
SB Utrecht
0031-30-341146/334314

Vrouwenschool Nijmegen
Stichting Vrouwenschool
Gerard Noodtstraat 17
Nijmegen
0031-80-224233

Polen:

Spóldzielnia Mieszkaniowa Urzedniczek Pocztowych im. Wladyslawy Habicht (Wohnungsbaugenossenschaft, Krakau)
w Krakowie
ul. Syrokomli 19B
0048-12-224168

Schweiz:

Baugenossenschaft berufstätiger Frauen (Lettenhof)
Wasserwerkstraße 116
8037 Zürich
0041-1-3619281

Die Tel.-Nummern gelten von der Bundesrepublik Deutschland aus.

FRAUEN
PLANEN
BAUEN
WOHNEN

ADRESSEN BERUFS-ORGANISATIONEN UND INTERESSEN-VERTRETUNGEN BUNDESREPUBLIK

Arbeitsgruppe der Frauen in der Sektion Stadt- und Regionalsoziologie der Deutschen Gesellschaft für Soziologie (DGS):
c/o Prof. Dr. Marianne Rodenstein
Fachbereich Gesellschaftswissenschaften, WBE Produktion/Sozialstruktur
Postfach 111932
6000 Frankfurt/Main 11
c/o Dipl.-Soz. Ingrid Spiegel

**KIPSI e.V.
Forschungsprojekt Modell Bergen**
Bahnhofstr. 17
8221 Bergen
08662-5373

**Arbeitskreis Architekturstudentinnen
Universität Stuttgart, Studium Generale**
Ariadne Schrumpp
Schloßbergstraße 18b
7000 Stuttgart 80
0711-688824/687624

Arbeitskreis Feministische Geographie:
c/o Prof. Dr. Elke Tharun
Institut für Kulturgeographie
Senckenberganlage 36
6000 Frankfurt/Main
c/o Studienrätin Ilse Häussler
Hassler Str. 103
2300 Kiel

Arbeitskreis Geographinnen
c/o Fachschaft Geographie,
Geographisches Institut
Universitätsstraße
4630 Bochum 1

Baufachfrau Berlin e.V.
Tempelhofer Damm 2
1000 Berlin 42
030-7856865

Baufachfrau e.V. Dortmund
Adlerstr. 81
4600 Dortmund 1
0231-143338

BOA-Constructa e.V.
c/o Tina Frenzel
Hans-Beimler-Str. 31
1000 Berlin-Ost

Bundesarbeitsgemeinschaft kommunaler Frauenbüros
c/o Sophie Graebsch-Wagener
Gleichstellungsstelle der Stadt Oberhausen
Schwarzstraße 72
4200 Oberhausen

Feministische Organisation von Planerinnen und Architektinnen (FOPA) e.V.
Naunynstr. 72
1000 Berlin 36

Feministische Organisation von Planerinnen und Architektinnen (FOPA) e.V.
Adlerstraße 81
4600 Dortmund 1
0231-143329/143338

Anhang

ADRESSEN BERUFSORGANISATIONEN UND INTERESSENVERTRETUNGEN BUNDESREPUBLIK

Feministische Organisation von Planerinnen und Architektinnen (FOPA) e.V.
Bergiusstr. 27
2000 Hamburg 50

Feministische Organisation von Planerinnen und Architektinnen (FOPA) Rhein-Main e.V.
c/o Frauenkulturhaus
Am Industriehof 5-7
6000 Frankfurt/Main 90

Feministische Organisation von Planerinnen und Architektinnen (FOPA) e.V.
c/o PLF
Goethestr. 32
3500 Kassel
0561-776071

Frauen AG Landespflege der Universität und Fachhochschule Weihenstephan
c/o Birgit Czornik
Lehrstuhl für Landschaftsarchitektur und Planung
8050 Freising-Weihenstephan

Frauen planen um e.V.
Paulinenplatz 12
2000 Hamburg 4
040-3193851

Frauenausschuß in der SRL (Vereinigung der Stadt-, Regional- und Landesplaner e.V.):
c/o Hille von Seggern
Bleickenallee 14
2000 Hamburg 50
040-3914214
c/o Sabine Feldmann
Seidenweg 39
4000 Düsseldorf 13
0211-7184844

Frauenplanungsgruppe
c/o Frauenzukunftszentrum
Egenolffstr. 52
6000 Frankfurt/Main
069-4940130

Itekton - Architektinnenbüro
Willmanndamm 10
1000 Berlin 62
030-7825738

POWER (Planerinnen Ost und West im Europäischen Raum)
c/o Christine Hannemann
Hallandstr. 34
1000 Berlin-Ost

UIFA Union Internationale des Femmes Architects e.V.
Sektion Bundesrepublik
c/o Christine Jachmann
Wormserstr. 6
1000 Berlin 30
030-2142454/2142455

FRAUEN
PLANEN
BAUEN
WOHNEN

ADRESSEN BERUFS- ORGANISATIONEN UND INTERESSEN- VERTRETUNGEN INTERNATIONAL

Dänemark

AAR - Ansstatte Arkitekters Raad
(Organisation der angestellten Architektinnen und Planerinnen)
Bredgade 66
1260 Kopenhagen
0045-33-131290

DAL - Danske Arkitekters Landforbund
(Organisation der freien Architektinnen)
Bredgade 66
1260 Kopenhagen
0045-33-131290

Frankreich

UIFA: Union Internationale des Femmes Architectes
c/o Jeanne Fagnani
Centre National de la Recherche Scientifique
Paris 1
CNRS U.A. Strates

Großbritannien

Matrix - Feminist Design Architectual Cooperative
The Print House
18 Ashwin St
London E8 3DL
0044-1-(71)2497603

Women's Design Service (WDS)
The Print House
18 Ashwin St
London E8 3DL
0044-1-(71)2416910

Kanada

Women and Environments Education and Development Foundation
736 Bathurst Street
Toronto Ontario, Canada
M5S2R4
Tel. 001-416-5162379

Niederlande

Büro Zijaanzicht
Heerenstraat 11
Postbus 511
6700 AM Wageningen
0031-8370-20877

Female Perspectives in Planning
c/o IVWSR
Wassenaatseweg 43
2596 Den Haag

Stichting Amazone
Singel 71
1015 AC Amsterdam
0031-20-279000

Stichting Experimenten Volkshuisvesting (SEV)
Postbus 20730
3001 JA Rotterdam
0031-10-4130935

Stichting Vrouwen Adviescommissies voor de Woningbou (VAC)
Landeslijk Contact
Mariaplaats 4f
3511 LH Utrecht
0031-30-340375

Die Tel.-Nummern gelten von der Bundesrepublik Deutschland aus.

Anhang

ADRESSEN BERUFS-ORGANISATIONEN UND INTERESSEN-VERTRETUNGEN INTERNATIONAL

Stichting Vrouwen Bouwen en Wonen (SVBW)
Wenna 756
3014 DA Rotterdam
0031-10-4116250

Sectie Emancipatie in de Ruimtelijke Ordening en Volkshuisvesting (SEIROV)
t.a.v.mw A. Zoontjens
Mauritskade 21
2514 HD Den Haag
0031-70-469652

Österreich

Arbeitskreis Feministische Architekturforschung
c/o ÖHTU
Rechbauerstr.12
8010 Graz

Arbeitskreis Feministische Geographie:
c/o Univ.Ass. Dr. Doris Wastl-Walter
Institut für Geographie
Universitätsstr.65
9020 Klagenfurt
0043-463-531-311 o. 308
c/o Univ.Ass. Dr. Elisabeth Aufhauser
Institut für Geographie
Universitätsstr.7
1010 Wien

Schweden:

Forum der Frauen für Bauen und Wohnen
c/o Kvindecentret
Bürger Jarlsgatan 22
11434 Stockholm

Schweiz

Arbeitskreis Feministische Geographie:
c/o Redaktion Geo-Rundbrief
Geographisches Institut
Hallerstr.12
3012 Bern
0041-31-658867
c/o Dr. Verena Meier
Geographisches Institut
Klingelbergstr.16
4056 Basel

USA

AWA - Association of Women in Architecture
c/o Laura H. Katz
International Archive of Women in Architecture (IAWA)
Virginia Polytechnic Institute an State University
Blacksburg, Virginia 24061-0434
001-703-2316308

OWA Organisation of Women Architects
P.O.BOX 26570
San Francisco

WIHED - Women's Institute for Housing and Economic Development, Inc.
179 South Street
Boston, Massachusetts 02111
001-617-4232296

Die Tel.-Nummern gelten von der Bundesrepublik Deutschland aus.

FRAUEN
PLANEN
BAUEN
WOHNEN

ARCHIVE + ZEITSCHRIFTEN

Archiv Frauen Planen Bauen
Feministische Organisation
von Planerinnen und Architektinnen (FOPA) e.V.
Adlerstr. 81
4600 Dortmund 1
0231-143338

Archiv der Stichting Vrouwen
Bouwen & Wonen (SVBW)
Wenna 756
NL - 3014 DA Rotterdam
0031-10-4116250

WDS Library (Women's De-
sign Service)
The Print House
18 Ashwin St
GB - London E8 3DL
0044-1-(71)2416910

International Archive of Women in Architecture (IAWA)
Virginia Polytechnic Institute an
State University
USA - Blacksburg, Virginia
24061-0434
001-703-2316308

(Das IAWA wurde 1985 vom Fachbereich Architektur und Stadtplanung und der Universitätsbibliotheken von Virginia Tech gegründet, um Arbeitsunterlagen und private Papiere von Architektinnen aus der ganzen Welt zu sammeln und bereitzuhalten. Das Archiv sammelt Entwurfsarbeiten, Fotos, Fachliteratur, Broschüren, Korrespondenzen und anderes Material, das die professionelle Arbeit von Architektinnen ausmacht. Es archiviert diese Informationen, um die großen Lücken in der Verfügbarkeit von Primärmaterial für architektonische und sozialhistorische Forschungen zu schließen.)

Freiräume
Streitschrift der Feministischen Organisation von Planerinnen und Architektinnen (FOPA) e.V. Berlin/Dortmund, erscheint unregelmäßig.

Geo-Rundbrief
Informationen zur feministischen Geographie, vom Arbeitskreis Feministische Geographie, Bern, Schweiz, erscheint ca. quartalsweise.

Klinker
Zeitschrift der Stichting Vrouwen Bouwen & Wonen (SVBW), Rotterdam, Niederlande, erscheint alle zwei Monate.

VAC Nieuws
Nachrichtenblatt der Vrouwen Adviescommissies voor de Woningbou (VAC), Utrecht, Niederlande, erscheint monatlich.

Women & the Built Environment
herausgegeben von Women's Design Service (WDS), London, Großbritannien, erscheint quartalsweise.

Women and Environments
herausgegeben von Women and Environments Education and Development Foundation, Toronto, Canada, erscheint dreimal jährlich.

1213593